Die weißen Kirchen am Tinnsjø

Pilgerweg in Norwegen

AF221234

Ingrid Wiens
(norwegische Version Silje Sjøtveit)

Die weißen Kirchen am Tinnsjø

Pilgerweg in Norwegen

Ingrid Wiens
(norwegische Version - Silje Sjøtveit)

GPS Track download über www.kvitekyrkjer.no

2. Auflage 2021

Bibliografische Information der Deutschen
Nationalbibliothek: Die Deutsche Nationalbibliothek
verzeichnet diese Publikation in der Deutschen
Nationalbiografie: detaillierte bibliografische Daten sind im
Internet über www.dnb.de abrufbar.

ISBN: 9783754373514

Inhaltsverzeichnis

Vorwort
Bjørn Sverre Sæberg Birkeland
Bürgermeister

Lieber Pilger

Henning Kvitnes schrieb so schmerzlich und schön:

„ich bin nur ein Pilger auf dem Weg Gottes"
bevor er am Ende unterschreibt mit den Worten
„ Aber der Glaube war ein treuer Begleiter"
Ich kann seinen Worten nur zustimmen, dass auch ich nur ein Pilger bin und das ich es mein ganzes Leben war.

Ich bin jeden Tag mit auf einer spirituellen Reise und wir Pilger suchen die Nähe zu dem Unbekannten und erfüllen damit das lateinische Wort „peregrinos" was „Fremder" bedeutet. Wir suchen als die Nähe dessen das fremd ist und sind neugierig auf das was wir nicht wissen können und/oder was wissenschaftlich nicht bewiesen werden kann, aber gleichzeitig fordern wir unseren eigenen Glauben auf viele Weise heraus. Wir suchen das göttlich zwischen dem Pilgerpfad und unserem eigenen Glauben.

Das ist eine faszinierende und spannende menschliche Dimension, die für einige von uns zu einer eindeutigen und klaren Erkenntnis zum christlichen Glauben führt.

In jedem Fall können sie jedoch auf eine Pilgerwanderung rund um den Tinnsjø gehen und unsere Kirchen aufsuchen und vielleicht das finden was sie selbst suchen.

Ich wünsche ihnen in jedem Fall eine schöne Tour

mit lieben Grüssen

Bjørn Sverre Sæberg Birkeland
Bürgermeister

Vorwort Kristin Fæhn

Pfarrerin

Die Wanderung zwischen den weissen Kirchen rund um den Tinnsjø

Im späten Winter 2015 zog ich nach Tinn, um die Kirchengemeinde als Pfarrer zu übernehmen. Ich traf auf eine mich fast erschlagend schöne Natur, freundliche Menschen, alte Traditionen und schöne, kleine Kirchen - in Atrå, Mæl, Hovin und Austbygde. Alles zusammen sollte zur Freude, während meiner Arbeit in Tinn, werden.

Aber ich traf noch auf viel mehr. Auf die Idee einer Wanderung zwischen den weissen Kirchen rund um den Tinnsjø. Ich war schon immer gerne in der Natur unterwegs, es entspannt mich zu gehen, ob mit Wald oder offener Weite um mich herum. Und nun war die Idee, dies alles in einen größeren Rahmen zu setzten. Ich wollte nur zu gerne Teil dessen sein.

Nach vier Jahren sind wir nun den gesamten Weg rund um den Tinnsjø gegangen und kommen zurück an den Ort wo wir begannen, zur Kirche in Austbygde. Zu Beginn jeder Tour wurden wir gesegnet. Wir hörten von der lokalen Geschichte

8

und wurden Teil ihrer Kultur. Wir nahmen die jeweils nächste Kirche als Ziel und das was dort geschehen sollte, mit Essen und Kaffee und mehr des Guten für Körper und Seele. Gleichzeitig waren wir Teil dessen, was das Lebensprojekt ausmacht - unterwegs zu sein, zu einem Ziel.

Was dieses Ziel ist, kann jeder von uns sehr unterschiedlich erleben. Für mich handelt es sich um eine ewige Zukunft.
Aber diese Zukunft ist auch im hier und jetzt. Sie liegt in jeder Segnung Gottes, auf die wir immerzu treffen. Sie liegt in all dem Schönen, das wir auf unserer Wanderung sehen, im pulsierenden Leben, dem Zusammentreffen mit denen wir unterwegs sind, und darin zu wissen, dass Gott uns auf unserem Weg begleitet.

Kristin Fæhn
Pfarrerin der Gemeinde Tinn

Vorwort Silje Sjøtveit

Diakonin und Initiatorin dieses Weges

Wie die Idee entstand

Während einer Wanderung auf dem "Cinque Terre - Wanderweg" überlegte ich, ob man nicht auch von einem Ort zum anderen rund um den Tinnsjø wandern könnte?

Da es in jedem dieser Orte eine dieser wunderschönen, kleinen, weißen Holzkirchen gab, was war da naheliegender als von einer Kirche zur anderen zu wandern?

Austbygde, Atrå, Mæl, Gransherad und Hovin mit ihren Kirchen liegen wie Perlen auf einer Schnur rund um den Tinnsjø.

Die Bewohner der vergangenen Jahrhunderte wanderten, auf schmalen Pfaden durch die Wälder, von ihren Häusern zu den Kirchen. In Tinn gibt es viele dieser alten Kirchenpfade, die zum Teil über die Bergkuppen oder entlang dieser führen. Teile dieser Pfade sind immer noch intakt und werden regelmäßig von den Einheimischen für ihre Touren genutzt, andere dagegen waren fast zugewuchert und in Vergessenheit geraten.

Es war ein Stück Arbeit diese alten Pfade wieder zu finden oder aber neue Pfade zu finden, auf denen wir, zu Fuß, rund um den Tinnsjø gehen konnten.

Mit Hilfe neuer Taktor-, Schotterwege und der alten Pfade kamen wir rund um den Tinnsjø.
Natürlich gingen die Menschen damals nicht von einer Kirche zur anderen, sondern von ihren Höfen zur nächsten Kirche. Unser Pilgerweg führt zumeist auf alten Pfaden, aber z.B. zwischen Austbygde und Atrå führt unser Weg auch entlang alter Kirchenpfade.

Ein Pilger wandert zu einem heiligen Ziel und wir würden sagen, dass dies alle unsere Kirchen sind.
In Norwegen gibt es mehrere Pilgerwege, auf denen Menschen seit Jahrhunderten aus den unterschiedlichsten Gründen gepilgert sind.
Der bekannteste unter ihnen ist der „Olavsveg", der vom Mittelalterpark in Oslo zum Niedarosdom in Trondheim führt.
Für einige ist dabei das Ziel am heiligen Ort anzukommen, für andere der Weg selbst das Ziel.
Den einen Fuß vor den anderen zu setzen, die Gedanken schweifen zu lassen, sich darauf zu konzentrieren den Weg zu finden, die körperliche Müdigkeit, die Stille, Hunger und Durst zu spüren.

Eine Pilgerwanderung kann eine sehr willkommene Pause vom hektischen Alltag bieten. Der moderne Pilger hat den Wert des wandern wiederentdeckt und in den letzten Jahren hat unter anderem der Jakobsweg eine enorme Steigerung der Pilgerzahlen verzeichnen können.

Am Sonntag den 13. September 2015 arrangierte die Kirche in Tinn zusammen mit VisitRjukan (Touristinformation der Gemeinde Tinn) und „Lure historielag" die erste gemeinsame Pilgerwanderung von der Kirche in Austbygde zur Kirche in Atrå. Diese Wanderung führte über schöne Schotter-, Waldwege und schmale Pfade mit wunderschönen Aussichten über die Landschaft und den Tinnsjø.
Seit dem haben wir in jedem Jahr eine bis zwei gemeinsame Wanderungen auf Teilstücken des Pilgerweges rund um den Tinnsjø angeboten.
Am 15. September 2019, anlässlich der letzen gemeinsam gegangenen Etappe, von der alten Heie Schule nach Austbygde, wird dieser Pilgerführer der Öffentlichkeit vorgestellt.
Er bietet Einheimischen, Pilgern und Touristen die Möglichkeit den Pilgerweg auf eigene Faust zu gehen.
Bei den arrangierten Wanderungen wurde immer für musikalische und kulturelle Unterhaltung gesorgt.

Am Anfang jeder Wanderung, stand dabei jeweils eine kleine Messe mit Pilgersegen in der Start Kirche und zum Abschluss ein Pilgergottesdienst in der Ziel Kirche. Ausserdem wurde auf dem Kirchengelände jeweils Kaffee und Kuchen oder eine Pilgersuppe serviert, zusammen mit einem Vortrag über die Kirchengeschichte.

Wir haben versucht einige dieser Geschichten mit in diesen Pilgerführer aufzunehmen. Der Pilgerführer beinhaltet die Beschreibung des Pilgerweges, Karten, praktische Informationen zu Norwegen, der Anreise, Übernachtungs-mögichkeiten und Verpflegung, sowie Informationen zu den Kirchen. Zusätzlich haben wir Vorschläge zu Bibeltexten, Gebeten, Liedern und Gedanken in dieses Buch mit aufgenommen.

Unser Wunsch ist es, dass euch dieser Pilger-führer dazu verleitet, auf eine Pilgerwanderung rund um den Tinnsjø zu gehen.

Ich hoffe, dass diese Pilgerwanderung dich einen Schritt näher dessen führt, was für dich wichtig ist.

Ich wünsche euch eine gesegnete Wanderung!

Silje Sjøtveit
ehem. Diakon - Tinn Kirche

Vorwort Ingrid Wiens

Mein Name ist Ingrid Wiens und als gebürtige Deutsche, habe ich eine neue Heimat in der Gemeinde Tinn gefunden.

Nachdem ich in meiner eigenen kleinen Pension, in der Lüneburger Heide, viel zu viel gearbeitet hatte ging ich 2014 selbst auf eine Pilgerwanderung. Ich brauchte Zeit für mich selbst, Zeit zum nachdenken, Zeit für neue Ideen, Zeit um mich selbst wieder zu finden. Ich ging in vier Monaten von Speyer auf dem Jakobsweg nach Santiago de Compostela in Spanien. Das war ein sehr beeindruckendes Erlebnis, dass mein Leben bis heute prägt. Den wohl größten Eindruck haben die Tage bei mir hinterlassen, an denen ich alleine durch die unterschiedlichsten Landschaften gelaufen bin.

Nachdem wir ein kleines Häuschen in Tinn gekauft hatten, habe ich von dem Pilgerweg rund um den Tinnsjø gelesen und da musste ich natürlich mit gehen.

Die erste Etappe die ich mitgegangen bin, war von Atrå nach Mæl und ich habe mich auf anhieb in den Weg verliebt. Die Landschaft ist so abwechslungsreich und spannend und man kann fast den ganzen Tag laufen ohne einen Menschen zu treffen. So kann man ganz alleine mit sich diesen Weg genießen.

Das kann ein Vergnügen, eine Herausforderung oder eine Chance sein, in einer Welt in der wir Stille und Einsamkeit kaum noch erleben. Nach der ersten Etappe begann ich zunächst damit, einen kleinen Film darüber zusammen zu schneiden und lernte so unsere Diakonin und Initiatorin des Weges Silje kennen.

Im Laufe der Zeit wurde ich mehr und mehr eingeladen Teil dieses Projektes zu werden und mit meinen unterschiedlichen Erfahrungen als Pilger und als Gastronom dazu beizutragen. So haben Silje und ich gemeinsam begonnen diesen Pilgerführer zu schreiben, damit auch ihr die Möglichkeit bekommt, diesen wunderbaren Pilgerweg auf eigene Faust zu gehen. Wir möchten euch die Gelegenheit geben, ein paar Tage einzutauchen in die Welt des Pilgerns und ganz nebenbei die wunderschöne Natur Norwegens, seine Menschen und Geschichte kennen zu lernen.

So bleibt mir nur euch allen „buen Camino" zu wünschen
auch wenn das eigentlich der Pilgergruss des Jakobsweges ist :-)

eure Ingrid Wiens

Ein Pilger
wer ist das eigentlich?

Die meisten von uns wissen, dass ein Pilger sich auf den Weg zu einem heiligen Ort macht. In Norwegen gibt es mehrere dieser alten Pilgerwege, die Menschen aus den unterschiedlichsten Gründen schon seit Jahrhunderten gepilgert sind. Der Bekannteste unter ihnen ist der St. Olavsveg, der vom Mittelalterpark in Oslo sowie von anderen Orten bis zum Nidarosdom in Trondheim führt.

Viele werden daher das Pilgern mit der Kirche in Verbindung bringen. In den vergangenen Jahrhunderten zogen die meisten Menschen aus Glaubensgründen in die Fremde. Damals pilgerte man um Buße zu tun, einen Ablass zu gewinnen oder auch um ein Gelübde zu erfüllen.

Aber „Pilgrim" bedeutet im eigentlichen Sinne „Fremdling" und stammt von dem lateinischen „peregrinos" was soviel wie „in der Fremde sein" bedeutet.

Ein Pilger zu sein bedeutet also fremd zu sein, sich nicht auszukennen in der Landschaft durch die er wandert und sich darauf verlassen zu müssen, dass Schilder ihm den richtigen Weg weisen und Wegbeschreibungen richtig sind.

Ein Pilger ist auch angewiesen auf die Hilfe der Menschen auf die er trifft, die ihm einen Platz zum schlafen anbieten, eine Mahlzeit, ihm zuhören und einfach da sind wenn er sie braucht.

Ein Pilger ist oft alleine unterwegs, Stille umgibt ihn, es gibt kaum Ablenkungen von außen. Seine Hauptaufgabe besteht darin sich auf den Weg zu konzentrieren und am Abend einen Platz zum Schlafen und eine Mahlzeit zu finden. Sein Leben ist auf das Wesentliche reduziert und er hat die Möglichkeit sich mit sich selbst und seinen Gedanken auseinander zu setzen. Das ist nicht immer einfach und vielleicht auch nicht immer angenehm, aber es bietet die Chance sich selbst wieder etwas besser kennen zu lernen oder belastende Lebenssituationen loszulassen.

Ein Pilger zu sein bedeutet sich einzulassen auf ein Abenteuer, von dem man nicht genau weiß wie es enden wird. So ist für den modernen Pilger oft der Weg das eigentliche Ziel.

Immer mehr Menschen entdecken diese neue/alte Art zu wandern wieder für sich und machen sich auf eine Pilgerwanderung. Für all diejenigen, die gerne einmal hinein schnuppern möchten in das Pilgern und dabei ein fremdes Land auf ganz besondere Weise kennen lernen möchten, ist dieser kleine Pilgerweg genau das Richtige.

Der Pilgerweg - Zusammenfassung

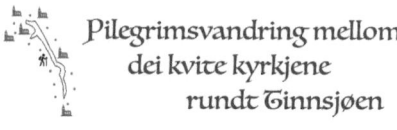

Pilegrimsvandring mellom
dei kvite kyrkjene
rundt Tinnsjøen

Der Pilgerweg verbindet insgesamt 6 Kirchen miteinander, 2 davon liegen in Dörfern etwas abseits des Sees (Gransherad und Dal), die anderen 4 gehören zu Kirchengemeinden die direkt am See liegen. Der Tinnsjø liegt in ihrer Mitte, eingerahmt von Bergen und so führt der Pilgerweg zwischen Tinnoset und Mæl immer wieder hinauf auf die Höhen (bis zu 850 m) und wieder hinunter an den See (ca. 191m). Die etwa 90 km lange Strecke ist in 5 Tagesetappen von 10 - 26 km aufgeteilt.

Der Pilgerweg beginnt in Gransherad und endet in Dal. Die Madonna, der alten Stabkirche von Dal war vom Mittelalter bis ins 18. Jahrh. Ziel von Pilgern. Heute steht sie im Kunsthistorischen Museum in Oslo. Die erste Etappe beinhaltet einen Bootstransfer über den Tinnsjø, der im Voraus vereinbart werden muss. (Bei schlechtem Wetter ist ein alternativer Weg nach Sandviken/ Hovin möglich.)

Die letzte Etappe führt euch dann von Mæl aus zur Kirche nach Dal (10 km).

Wir empfehlen euch anschließend weiter nach Rjukan zu gehen (5km) und ein paar Tage in der

Welterbe-Stadt zu verbringen. Eine Fahrt mit der Historischen Eisenbahn und der Fähre über den Tinnsjø sind dann ein besonderes Erlebnis, um den Pilgerweg aus einer vollkommen anderen Perspektive erleben zu können.

Zwischen Tinnoset und Mæl wurde versucht sich möglichst oft an historischen Pfaden zu orientieren und nur ganz selten führt der Weg entlang wenig befahrener Strassen auf Asphalt. Grosse Teile des Weges verlaufen zudem auf guten Wald-, Fahr- oder Schotterwegen.

Die alten Pfade, (für uns Deutsche oft eher Trampelpfade), sind zum Teil recht steil und führen auf unebenem und steinigem Untergrund durch die Wälder. Diese Pfade in den Pilgerweg zu integrieren bedeutet, dass man ein gutes Maß an Trittsicherheit benötigt und unbedingt mit gutem Schuhwerk auf den Weg starten sollte. Die doch recht kurz erscheinenden Etappen sind dadurch und die zu bewältigenden Höhenunterschiede doch anstrengender, als man es vielleicht erwartet. Dafür führen euch die Pfade aber durch beeindruckende und zumeist unberührte Natur. Diese alten Pfade wurden bereits vor mehreren hundert Jahren angelegt und genutzt. Sie verbanden die vereinzelt liegenden Höfe miteinander, man brachte auf ihnen das Vieh zur Sommerweide oder man ging auf ihnen zur Kirche.

Da es bis zum Ende des 19. Jahrhunderts nur eine Kirche in Atrå gab, waren die Wege zur Kirche weit und die Menschen waren bei jedem Wetter und oft stundenlang unterwegs, um am Gottesdienst teilnehmen zu können.

An vielen Stellen sind noch die alten Stützmauern sichtbar und man bekommt eine Vorstellung, welch eine Arbeit es gewesen sein muss diese Pfade, mit den damaligen Hilfsmitteln, zu befestigen. So bekommt man, ganz nebenbei, ein Gefühl dafür, wie die Menschen hier, in den letzten Jahrhunderten, gelebt haben.

Die Beste Zeit um in Norwegen zu pilgern/ wandern ist sicher von Juni bis September. In Anbetracht der Tatsache, dass der Pilgerweg bis hinauf auf 850 m führt, ist die Gefahr von Schmelzwasser führenden Bächen über die Wege und von Schnee in den Höhenlagen im Mai noch sehr gross. Im Oktober kann es dann, auf den Höhen, schon wieder empfindlich kalt werden und man muss bereits mit dem ersten Schnee rechnen.In jedem Fall wartet ein abwechslungs-reicher und sehr friedlicher Weg auf euch. Er bietet euch die Möglichkeit, die norwegischen Natur, seine Menschen, ihre Lebensweise und Gastfreundschaft kennen zu lernen.

Hinweisschilder und Markierung am Weg

Homepage - www.kvitekyrkjer.no

Die Homepage ist komplett dreisprachig (norwegisch, deutsch, englisch) gestaltet und ihr findet dort alle Links zu Übernachtungsmöglichkeiten, Öffnungszeiten der Geschäfte, Fähr-, und Busverbindungen, Informationen zu Rjukan, Anreiseinformationen sowie Kontaktdaten der Kleinboot Führer für den Transport von Tinnoset nach Sandviken (Etappe Gransherad - Hovin). Des Weiteren haben wir die Wanderportale GodTur (Norgeskart) und Komoot (deutsches Portal) verlinkt. Auf beiden Seiten ist der komplette Pilgerweg mit GPS Daten hinterlegt. Ihr könnt euch dort die Strecke, sowie die Lage der Übernachtung-, Einkaufsmöglichkeiten sowie anderer wichtiger Punkte ansehen. Zusätzlich ist es möglich die gesamte Strecke als GPS Datei, zur Verwendung vor Ort, herunter zu laden.

Es ist möglich (gegen eine kleine Gebühr) einen Schlüssel für die 5 in der Gemeinde Tinn liegenden Kirchen auszuleihen. So bekommt ihr die Möglichkeit alle Kirchen zu besichtigen.

Für die Schlüsselausleihe, zu weiteren Fragen oder Rückmeldungen zur Ausschilderung des Weges könnt ihr euch gerne mit einer E-Mail an „ingrid.wiens@icloud.com" direkt an mich wenden.

praktische Informationen

Lage in Norwegen

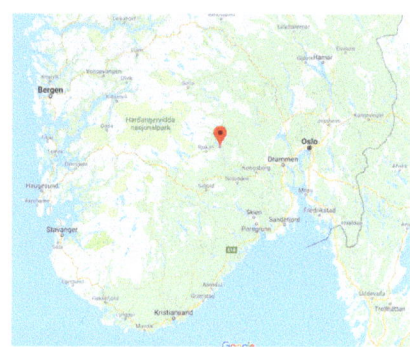

Die Gemeinde Tinn liegt mit seinen knapp 6000 Einwohnern in der Provinz Telemark etwa 150 km westlich von Oslo in Südnorwegen.

Rjukan, der Verwaltungssitz der Gemeinde Tinn, liegt ganz im Westen zu Füßen der Hardanger-vidda (dem größten Nationalpark Norwegens) und des Gaustatoppens (1883müN) (wie man in Norwegen sagt, dem Berg mit der schönsten Aussicht) Besonders bekannt ist Rjukan durch das Wasserkraftwerk Vemork, von Norsk Hydro, das eine grosse Rolle in der Industrialisierung Norwegens spielte und heute Teil des Rjukan-Notodden Industrieerbes ist. 2015 wurde es auf die UNESCO Welterbeliste aufgenommen.

Anreise

Mit dem Flugzeug nach Oslo

Ihr könnt von Deutschland aus von vielen größeren Städten direkt nach Oslo fliegen.

SAS und Lufthansa gehören zu einem Verbund, aber es lohnt sich immer bei beiden Gesellschaften nach den Preisen zu schauen. Selbst identische Flüge haben oft unterschiedliche Preise, je nach dem bei welcher Gesellschaft man ihn bucht. Sie fliegen ausser von den 4 oben genannten Flughäfen auch von Frankfurt direkt oder mit Zwischenstop auch von weiteren kleineren Flughäfen nach Oslo.

Schaut auch gerne auf der Homepage von norwegian.com nach ob und welche Flüge sie anbieten.

Vom Flughafen Oslo-Gardemoen im Norden von Oslo seid ihr in 3- 4 Stunden mit dem Bus oder einem Mietwagen in Tinn.

Mit dem Bus vom Flughafen Oslo

Vom Flughafen Oslo Gardemoen aus nehmt ihr den „Flughafenbus F2" zum Busbahnhof in Oslo, Von dort aus geht es weiter nach Notodden, dort wechselt ihr dann zum „Rjukanexpress", der euch nach Gransherad (dem Start eures Pilgerweges) bringt. Diese Busse verkehren mehrmals täglich

23

und ihr könnt das Ticket durchgehend von Oslo Lufthavn stasjon bis Gransherad Gryta, über die Seite von vy.no buchen.

Mit dem Auto vom Flughafen/Oslo

Vom Flughafen kommend, nehmt ihr die E6 Richtung Oslo. Von Oslo aus geht es dann auf der E18 weiter Richtung Drammen. Dort wechselt ihr auf die E134 Richtung Kongsberg und folgt dort ein kurzes Stück den Schildern Richtung Geilo, bevor ihr dem Hinweis nach Rjukan auf der Rv37 über Jondalen nach Gransherad folgt. Wenn ihr die Stabkirche in Heddal besichtigen möchtet folgt ihr der E134 weiter nach Notodden. (siehe Anreise von Larvik)
Fahrzeit 2,5-3 Stunden

Mit dem Auto nach Norwegen

Wenn ihr mit eurem eigenen Auto von Deutschland aus anreisen möchtet, könnt ihr z.B. die ColorLine Superspeed Fähre von Hirtshals/ Dänemark nach Larvik/Norwegen nehmen, oder ihr gönnt euch eine Minikreuzfahrt von Kiel nach Oslo mit der ColorLine

Aus Richtung Larvik

Aus Richtung Larvik kommend nehmt ihr die E18 und RV 32 in Richtung Porsgrunn und dann die RV36 in Richtung Ulefoss/Bø.

In Gvarv biegt ihr nach rechts auf die RV360 Richtung Notodden ab. In Notodden stosst ihr dann auf die E134 von Kongsberg nach Haugesund. Ihr biegt nach links in Richtung Haugesund ab und folgt ihr durch Notodden und weiter Richtung Westen. Kurz hinter Notodden kommt ihr an der Heddal Stabkirche vorbei, die als Norwegens größte Stabkirche unbedingt einen Besuch lohnt. Einige Kilometer weiter biegt ihr nach rechts auf die Rv361 in Richtung Gransherad/Rjukan ab. Folgt der Strasse gerade aus bis Gransherad.
Fahrzeit etwa 2,5 Std.

Allgemeine Informationen zu Norwegen

Sprache

In Norwegen wird natürlich norwegisch gesprochen, aber flächendeckend auch englisch. Die Norweger wissen das Touristen in der Regel kein norwegisch sprechen und mit ein bisschen englisch kann man sich gut verständigen. Die Norweger sind sehr offen, freundlich und hilfsbereit und ihr könnt sie einfach auf englisch ansprechen. Im Prinzip kann jeder Norweger englisch, schon alleine weil die Fernsehfilme nicht übersetzt, sondern in englischer Originalsprache mit Untertiteln ausgestrahlt werden.

Einige Norweger haben auch deutsch in der Schule gelernt, aber damit geht es ihnen ähnlich wie uns z.B. mit der französischen Sprache, sie wird im Alltag kaum gebraucht und so schnell vergessen.

Im Übrigen solltet ihr vielleicht noch wissen, dass es in der norwegischen Kultur die deutsche „Sie" Form der Ansprache nicht, bzw. nur gegenüber dem Königshaus gibt. Die Norweger sprechen ihren Gegenüber immer mit „du" und dem Vornamen an, sei es privat oder im Job und das gilt auch zwischen allen hierarchischen Ebenen.

Zahlungsmittel

Norwegen ist kein Mitglied der Europäischen Union und seine Währung sind die Norwegischen Kronen (NOK)
Stand 2021 kann man grob rechnen, dass 10 NOK etwa 1 € sind. Das stimmt nicht ganz, macht das Umrechnen aber sehr leicht.
In Norwegen ist es üblich auch kleine Geldbeträge mit der Kreditkarte zu bezahlen. Wenn ihr also eine Kreditkarte (VISA oder Eurocard) mit auf eure Reise nehmt, braucht ihr fast kein Bargeld. Selbst ein Brot beim Bäcker oder ein Würstchen für 10 NOK an der Tankstelle kann man problemlos mit der Karte bezahlen.

Preise

Wer zum ersten Mal nach Norwegen kommt wird die Preise zuerst einmal als hoch wahrnehmen. Das Lohnniveau in Norwegen ist höher als in Deutschland, auch die Mehrwertsteuer ist mit 25% ebenfalls höher. Teurer ist vor allem Alkohol durch die Alkoholsteuer und die hohen Auflagen, die für den Verkauf und den Ausschank erhoben werden. Außerdem machen sich Schokoladen- und Zuckersteuer bei allen Süßwaren bemerkbar. Dagegen ist die Tasse Kaffee relativ günstig und entweder ist das Nachfüllen (påfyll) bereits inklusive oder für wenige Kronen zu bekommen.

Übernachtung

In den Dörfern rund um den Tinnsjø gibt es keine
Hotels oder Pensionen. Übernachtungsmöglichkeiten gibt es auf Campingplätzen in Austbygde
(Sandviken Camping) und Mæl (Tinnsjø
Camping) die beide auch Hütten vermieten. Dazu
kommt ein Vermieter von Hütten (sowie einigen
Zimmern) in Hovin (Fjellblikk Kafe - ca.4km von
der Kirche). Der Standart der Hütten ist sehr
verschieden. Bettwäsche und Handtücher können
gegen Gebühr ausgeliehen werden oder ihr nehmt
einen einfachen Schlafsack und Handtuch mit auf
die Wanderung. In der Hauptsaison sind die
Hütten oft gut gebucht und wir empfehlen euch
eine rechtzeitige Buchung im Voraus. Eine Hütte
für mehrere Personen wird ab etwa 500 NOK je
nach Größe, Ausstattung und Jahreszeit angeboten. Inzwischen gibt es auch erste Herbergen.
Wer gerne mit dem eigenen Zelt auf Wanderung
geht, darf in Norwegen überall in freier Natur
campen. In Norwegen gilt das „Allemansretten"
das „Jedermannrecht". Das bedeutet, dass jeder
die Natur genießen und seine Früchte nutzen darf.
Den Platz anschließend sauber zu verlassen sollte
selbstverständlich sein.
Auf unserer Homepage findet ihr die jeweils
aktuellen Informationen.

Essen/Verpflegung

Beide Campingplätze bieten warmes Essen an. In Austbygde gibt es zusätzlich eine Bäckerei. Der Hüttenvermieter in Hovin bietet zu den offiziellen Öffnungszeiten des Restaurants ebenfalls warme Gerichte an, dazu gibt es in Hovin ein Lebensmittelgeschäft. Ein einfaches Gericht kostet etwa 100-150 NOK. In Gransherad gibt es leider kein Restaurant, dafür aber ein Lebensmittelgeschäft in dem ihr euch mit Essen versorgen könnt. In Atrå kommt ihr an einem Spar Markt vorbei, der auch eine kleine warme Theke anbietet. Die Lebensmittelgeschäfte sind im Sommer auch sonntags geöffnet. Bitte informiert euch vorher darüber, damit ihr euch rechtzeitig mit Lebensmitteln eindecken könnt.

Zum Thema Wasser, würde mein lieber Mann sagen: „in Norwegen findet man überall am Weg frisches Wasser zum trinken". Ansonsten ist das Leitungswasser hier so sauber, dass ihr es überall ohne Bedenken trinken könnt. (außer auf den öffentlichen Toiletten an den Friedhöfen...)

Der Verkauf von Alkohol ist in Norwegen besonders geregelt. In Lebensmittelgeschäften darf nur Bier bis 4,7% Alkohol verkauft werden, die stärkeren Getränke werden nur im Spezialgeschäft „Vinmonopol" (Rjukan) verkauft.

beste Reisezeit

Die beste Reisezeit, für unseren Pilgerweg, ist von Juni bis September. Da der Weg bis hinauf auf 850 m führt, muss im Mai noch und im Oktober schon wieder mit Schnee gerechnet werden. Ausserdem kann es gerade im Frühjahr durch die Schneeschmelze zu Hochwasser führenden Bächen kommen, die dann zum Teil schwierig zu überqueren sind.

Ausrüstung

Ihr sollte in jedem Fall gute Regenkleidung (gut auch gegen Wind) und vor allem wasserdichtes, stabiles und eingelaufenes Schuhwerk dabei haben. Für die Höhenlagen sind ein warmer Pullover, eventuell Handschuhe, Schal und Mütze ratsam. Ebenso gehören Schlafsack und Handtuch in den Rucksack. Wer an den Gebrauch von Stöcken gewöhnt ist, sollte sie in jedem Fall mitnehmen, sie geben Sicherheit auf unebenen Pfaden. Dazu kommt die Tagesverpflegung und Trinkwasser, sowie der Pilgerführer/GPS Daten. Ansonsten gehören z.B. Handy, Taschenmesser, Feuerzeug, Taschenlampe, bequeme Kleidung und Schuhe für den Abend, Trinkbecher, Erste-Hilfe-Ausrüstung, Toilettenpapier und ev. flüssiges Waschmittel mit in den Rucksack.

Alleine pilgern, geht das?

Norwegen und Tinn im Besonderen sind ein sehr sicheres Reiseziel. Man kann jederzeit und ungefährdet alleine wandern. In der Natur ist man zumeist vollkommen alleine und wenn man doch einmal auf Tiere trifft, geht von ihnen keine Gefahr aus. Im Gegenteil, es ist ein ganz besonderes Erlebnis alleine zu pilgern und unser kleiner Pilgerweg bietet sich dafür besonders an. Es sind überschaubare Abschnitte, die gut ausgeschildert, oder beschrieben und gepflegt werden und am Abend kann man in den Unterkünften auf nette Menschen treffen. Auch wenn man zu Beginn vielleicht noch etwas unsicher auf den Weg startet, kommt man sicher innerlich gestärkt am Ziel an. Allerdings sollte man ein Handy für Notfälle immer mit dabei haben, man weiss ja nie ob man nicht vielleicht doch einmal ausrutscht.

Taxi

Wenn es doch mal notwendig ist:

Hovin Taxi Tel: 0047-90900167
Tinn Taxi Tel: 0047-97423555

Die Wanderung geschieht auf eigene Verantwortung.

über Tinn und seine Dörfer

Die Gemeinde Tinn ist eine selbstständige Gemeinde in Telemark/Norwegen mit etwas unter 6000 Einwohnern, wobei die eine Hälfte im Verwaltungssitz Rjukan und die andere Hälfte verteilt auf die Ortsteile Miland, Mæl, Atrå, Hovin, Austbygde und Tessungdalen wohnt. Die Gemeinde umfasst dabei ein Areal von ungefähr 2000 qkm. Als Vergleich umfasst das Stadtgebiet von Berlin etwa 900 qkm bei fast 3,5 Millionen Einwohnern. Auf dem Gebiet der Gemeinde Tinn liegen etwa 800 Seen und einer davon ist der bis zu 435 m tiefe Tinnsjø, der 191m über dem Meeresspiegel liegt. Die Seen nehmen etwa 10 % der Gesamtfläche ein, wobei der Tinnsjø mit seinen 35 km Länge und einer maximalen Breite von 2,5 km ca. 50qkm gross ist.

Zwischen dem östlich gelegenen Hovin und dem westlich gelegenen Rjukan sind es etwa 60 km.

Jeder der Ortsteile weist ein stark geprägtes Eigenleben auf. Dank der Hüttengebiete in den Bergen haben die Ortsteile Atrå, Austbygde, Tessungdalen und Hovin auch heute noch einen „Supermarkt". In Austbygde gibt es zudem eine Bäckerei/Café, Bank, Altersheim sowie Allgemein- und Zahnarzt.

In Austbygde, Hovin, Tessungdalen, Atrå und Miland gibt es noch eine Schule, so dass die

Dörfer weiterhin sehr eigenständig sind. Hier werden alte Traditionen und Handwerk gepflegt, auch wenn das nach aussen vielleicht nicht immer sichtbar ist.

Das Gebiet um den Tinnsjø war schon sehr früh besiedelt. Am Wegrand sehen wir noch die alten „Stabbur" (Lebensmittelspeicher) die für Norwegen so typisch sind. Atrå soll die älteste Siedlung in Tinn sein und ihr geht dort z.B. an zwei Stabbur von 1350 vorbei. Atrå war bis 1905 auch das Handelszentrum der Gemeinde, bis Rjukan diese Rolle übernahm.

Rund um den Tinnsjø, der in früheren Zeiten die Lebensader und einzigster Verkehrsweg war, tauchen immer wieder Fundstücke aus der Bronze und Eisenzeit auf (also bereits vor Christi Geburt) Das Wasser spielte schon immer eine große Rolle, es diente als Nahrungsquelle, dem Transport von Baumstämme oder auch zur Energiegewinnung. Durch den Höhenunterschied zwischen Tinnsjø und Hardangervidda wurden große Kräfte freigesetzt, die im 18. Jahrhundert zum Antrieb von Mühlen und Sägewerken verwendet wurden.

Die Bauern in Tinn mussten sich meist breit aufstellen, um überleben zu können. Die Höfe lagen auf oft steilen, unwegsamen und unfruchtbarem Gelände. So lebten sie im Prinzip von all dem was Wald, Berge, See und Hof lieferten.

Im 18. Jahrhundert kamen dann Nutztiere auf die Höfe und man nutzte jedes, noch so schwer zugängliche Fleckchen als Weidefläche.

Noch heute werden in der Gemeinde einige „Seter", die norwegischen Almen, im Sommer bewirtschaftet, wie der „Håvardsrud Seter" der zu Austbygde gehört. Es ist ein bewirtschafteter Seter, der neben der Gastwirtschaft auch Hütten anbietet. Auch der, bei der WM 2018 mit einer Silbermedaille prämierte „Stordalen Gardsbruk-Brunost" stammt aus Austbygde. Ihre Ziegen sind im Sommer auf dem "Bergstaulen Seter" westlich von Rjukan zu finden. Der „Brunost" ist ein klassischer norwegischer Käse, der aber im eigentlichen Sinne kein echter Käse ist. Die (im Original) Ziegenmolke wird eingekocht, wobei die Länge des Kochprozesses über den süßlich-karamellartigen Geschmack des Käses ent-scheidet, da dabei der Milchzucker karamellisiert. Es entsteht ein fester Käse, der dann mit dem Käsehobel in dünne Scheiben gehobelt z.B. auf Brot oder typischen Weise auch zu Waffeln gegessen wird.

In den langen Wintern suchten sich die Bauern zusätzliche Einnahmequellen. Manche verdienten ihr Geld als Schreiner/Zimmermann, andere boten Turen in die Berge oder Übernachtungen für Touristen an. Eine der typischen Einnahme-quellen aber war das Schmieden von Messern und

Sensen. In vielen Kohlenmeilern wurde die dazu notwendige Kohle gebrannt. Fast auf jedem Hof gab es in der Zeit eine Schmiede. Da die „Tinndølen" in karger Landschaft aufwuchsen, waren sie früh gezwungen sich nach außen zu orientieren und ihren Horizont und ihr Wirkungsfeld zu erweitern. So waren sie ein reisefreudiges Volk, dass offen war für Neues um sich weiter zu entwickeln.

Nachdem sie die Technik des Schmiedens mit Borax mit nach Tinn gebracht hatten, wuchs die Produktion von Sensen enorm. 1879 wurden z.B. 30.000 Sensen über den Tinnsjø, weiter nach Skien und somit nach ganz Südnorwegen gesendet. Noch heute werden in Tinn Messer handgeschmiedet und z.B. zur Herrentracht getragen.

Die „Tinndølen" nutzten ihre Kreativität auch für neue und bahnbrechende Kunstformen wie das „Rosemaling", die Volksmusik mit der „Hardingfele" und vor allem auch in Verbindung mit ihren Trachten. Der echte „Tinnbunad" hat einen handgestickten „Rosensaum" und ist ein wahres Kunstwerk. Einen Eindruck von diesem kulturellen Erbe bekommt ihr im Handwerkszentrum in Atrå.

Im 18. Jahrhundert wurden viele Höfe, durch die große Anzahl Kinder, aufgeteilt und waren dann zu klein um davon leben zu können.

So wanderten viele „Tinndøler" von Atrå/ Sandven aus nach Amerika. Am 17. Mai 1837 verließen die ersten „Tinndølen" ihre Heimat. Die Auswanderlust hielt bis zur Jahrhundertwende an und insgesamt wanderten fast 2000 Tinndølen nach Amerika aus. Es war zum Einen das karge, harte Leben in der Heimat, dass sie antrieb, aber auch ihre Abenteuerlust und das Interesse über die eigenen Grenzen zu schauen, um sich einen neuen Lebensunterhalt aufzubauen.

Der berühmteste Auswanderer aus Tinn war Snowshoe Thompson. Seine Leistungen als Briefträger auf Skiern über den wilden Bergen der Sierra Nevada, verhalfen ihm in den USA zu großer Ehre. In Tinn sagt man, er habe den Amerikanern das Skifahren beigebracht.

Hof in Atrå

Übersichtskarte

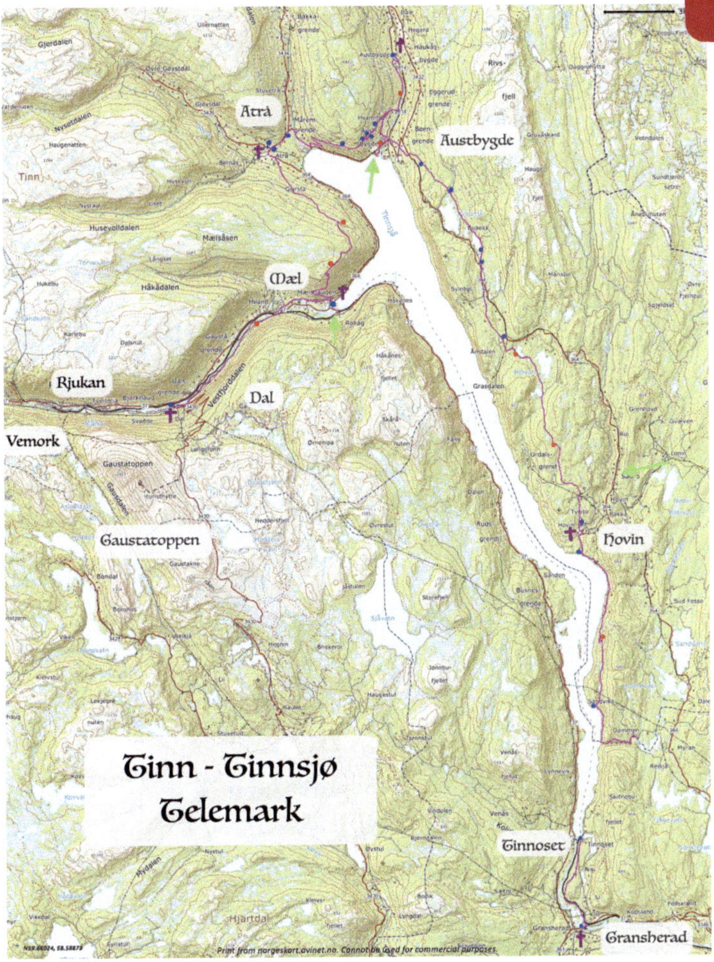

Tinn - Tinnsjø
Telemark

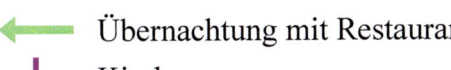 Übernachtung mit Restaurant

✝ Kirche

Die einzelnen Etappen
in der Übersicht

mit Länge, Wegebeschaffenheit und Höhenprofil
Den Link zum GPS download findet ihr auf
unserer Homepage.

Tag 1: Teil 1:
Altern. A: Gransherad - Tinnoset

Länge: 5,13 km / hinauf: 80 hm / hinab: 70 hm
Höchster Punkt 260 m, niedrigster Punkt 190 m
Wegverhältnisse: Schotterweg, gute Waldwege
und ein kurzes steiniges/steiles Stück
Tinnoset - Sandviken über Tinnsjø mit Boot

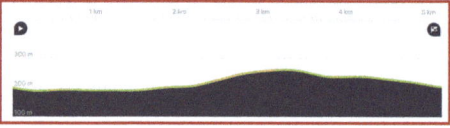

Altern. B: Rauadamm - Sandviken

Länge: 4,14 km / hinauf: 100 hm / hinab: 240 hm
Höchster Punkt: 350 m, niedrigster Punkt 200 m
Wegverhältnisse: schmale, unebene Pfade

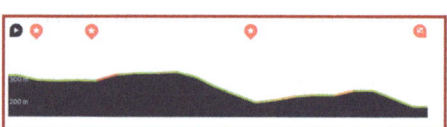

Teil 2: Sandviken - Hovin

Länge: 10,2 km / hinauf: 420 hm / hinab: 350 hm

Höchster Punkt: 390 m, Niedrigster Punkt: 200 m
Wegebeschaffenheit: Schotterwege, gute
Waldwege und steile, unebene Pfade

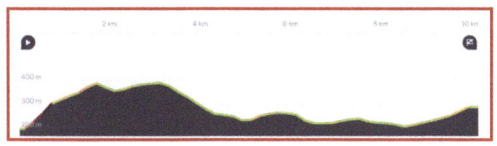

Tag 2: Hovin - Austbygde

Länge: 23,6 km / hinauf: 570 m / hinab: 660 m
Höchster Punkt: 670 m , niedrigster Punkt: 200 m
Wegverhältnisse: Schotterweg, gute Gras und
Waldwege, steile, unebene Passagen, Strasse

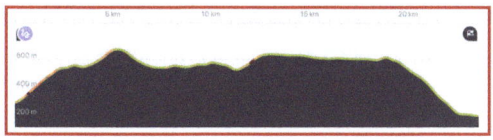

Tag 3: Austbygde - Atrå
via Austbygde Kirche

Länge: 19 km, hinauf: 430 m / hinab: 390 m
Höchster Punkt: 490 m, niedrigster Punkt: 200 m
Wegebeschaffenheit: gute Waldwege, kurzes
steiles, steiniges Stück, alter Kirchenpfad, die
letzten 2,5 km entlang der Strasse

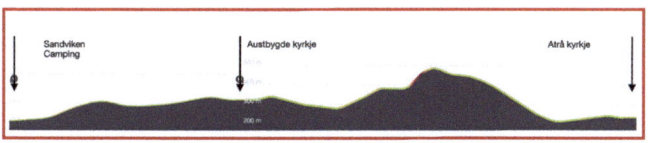

Tag 4: Atrå - Mæl

Länge: 12,5 km / hinauf: 630hm / hinab: 660 hm
Höchster Punkt: 850 m, Niedrigster Punkt: 200 m
Wegebeschaffenheit: gute Waldwege hinauf und
steiler und unebener Pfade durch den Wald hinab.

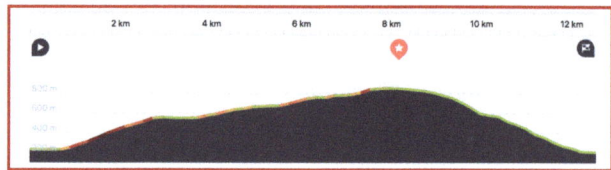

Tag 5: Mæl - Dal

Länge: 10 km / hinauf: 120 hm / hinab: 80 hm
Höchster Punkt: 250 m, niedrigster Punkt: 190 m
Wegebeschaffenheit: wenig befahrene Strasse,
Schotterweg

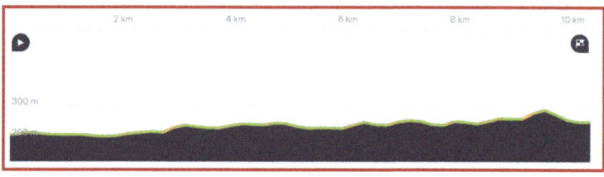

die Höhenprofile wurden mit „Komoot" erstellt.
Karten: © Kartverket/Geonorge/avinet.no

Wegbeschreibungen

Tag 1 / Teil 1: Altern.A:
Gransherad - Tinnoset/Sandviken

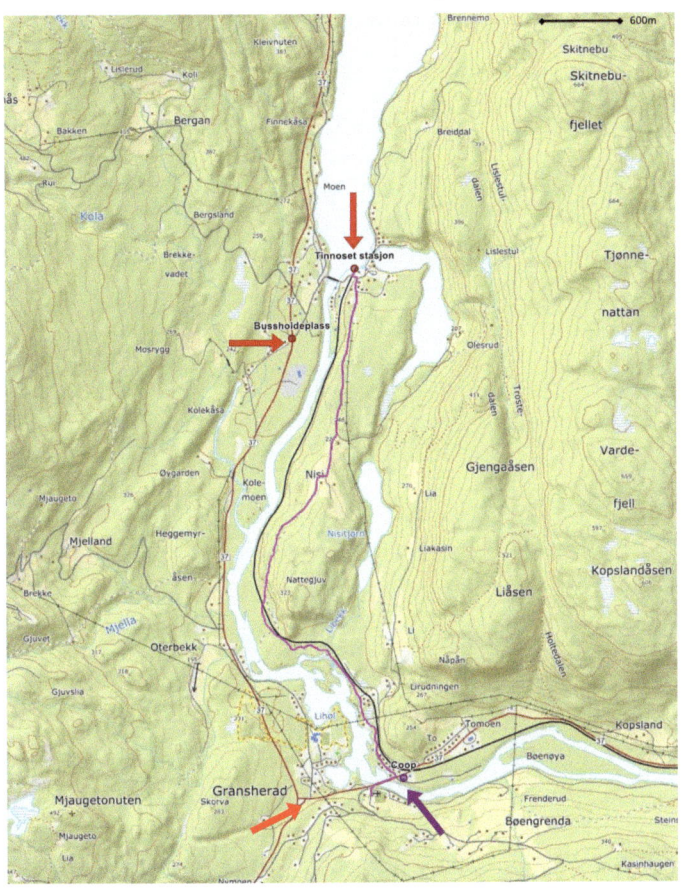

rote Pfeile: Bushaltestelle und Fähranleger Tinnoset
              Bushaltestelle Gransherad
lila Pfeil: Coop - Lebensmittelmarkt Gransherad

Diese Teilstrecke ist mit den Schildern des G.I.L. gut beschildert und einfach zu finden.
Start eurer Pilgerwanderung ist die Kirche von Gransherad.

Von der Kirche aus geht ihr hinunter an die Hauptstrasse, ihr folgt ihr nach rechts über die Brücke. Direkt hinter der Brücke biegt ihr nach links in den „Limoen" Weg ein. Ihm folgt ihr zuerst durch ein kleines Wohngebiet. Hinter dem Wohngebiet geht der Weg in einen Waldweg über, dem ihr weiter geradeaus in den Wald hinein folgt. Die alten Gleise der „Tinnosbanen" liegen dabei immer zu eurer rechten und der See zu eurer linken Seite. Nach gut 2 km führt euch der Waldweg unter den Gleise hindurch und bald darauf langsam bergan.

Hier wird der Weg bald sehr steinig und uneben und ein kurzes Stück auch etwas steil.

Mit dem Hof „Nisi" im Blick wird der Weg dann wieder zu einem ordentlichen „Fahrweg" und führt euch in einem Bogen links um den Hof herum. An der großen roten Scheune zu eurer Rechten biegt ihr dann nach links auf den bergab führenden Schotterweg ein.

Auf dem Weg zum Hof Nisi

Auf diesem Schotterweg geht ihr nun, euch immer links haltend, erst durch offene Landschaft und dann durch Wald, den Berg hinab Richtung Tinnsjø.

Unten angekommen biegt ihr nach rechts ab. (nach links über die Gleise gelangt ihr zum Anleger der historischen Fähre) Dem See nach rechts folgend seht ihr schon bald den privaten Bootsanleger von Tinnoset. Dort wartet der Bootsführer (den ihr im voraus bestellt habt) um euch nach Sandviken zu bringen.

Tag 1/Teil 1: Altern. B:
Rauadamm - Sandviken

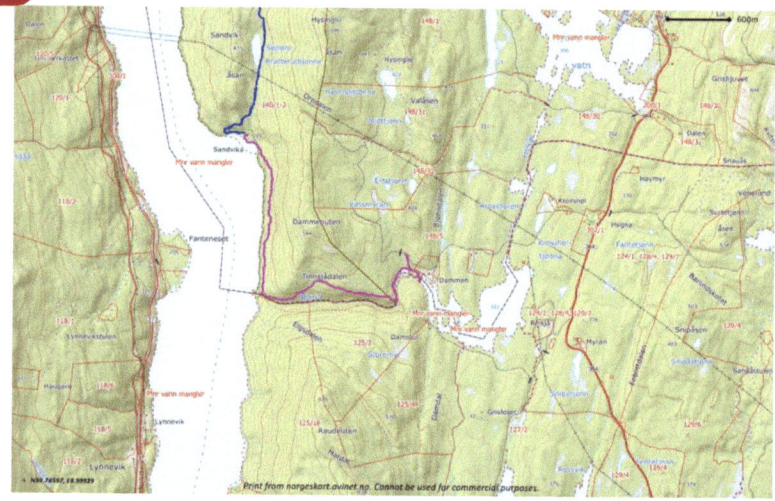

Wenn eine Bootsüberfahrt von Tinnoset nach Sandviken wetterbedingt nicht möglich ist, möchten wir euch hier eine Alternative vorstellen. Um an den Ausgangspunkt am Rauadamm zu gelangen benötigt ihr ein Taxi, da es keine Busverbindung dorthin gibt. (Hovin Taxi 35099243 oder Tinn Taxi 90967777)

Der Weg beginnt oberhalb des Rauadammes. Die Raua ist der Grenzfluss zwischen den Gemeinden Tinn und Notodden. Der Fluss wurde früher zum Flössen von Baumstämmen genutzt und der Pfad, den wir nutzen um nach Sandviken zu kommen, wurde im Hinblick darauf wieder neu begehbar gemacht und ausgeschildert. Am Rauadamm und dem Rauatunnel kann man erleben wie früher das Holz geflösst wurde.

Vom Wendeplatz oberhalb des Dammes weisst ein Schild in Richtung „Fløyteminne" einen Pfad hinab. Im Tal stosst ihr auf weitere Hinweisschilder die euch nach links zum Rauadamm (nur ein kurzer Umweg) und nach rechts Rauatunnel und weiter nach Sandviken leiten. Der Fluss wurde extra aufgestaut um die Baumstämme durch die kleinere linke Öffnung zu flößen.

Anschliessend geht ihr weiter Richtung Rauatunnel/Sandviken entlang des Flusses. Folgt später dem Schild nach links zum Tunnel. Die Baumstämme wurden hier am Wasserfall vorbei durch einen Tunnel geflösst, um sie vor großem Schaden zu bewahren.

Vom Aussichtsplatz über dem Tunnel nehmt ihr einen kleinen Pfad bergauf, der euch zurück zum Hauptpfad nach Sandviken bringt. (ihr biegt dort nach links ab) Folgt nun dem Pfad weit oberhalb entlang des Flusses, bis fast hinunter zur Mündung in den Tinnsjø. Kurz zuvor werdet ihr an einer Gabelung nach rechts weiter nach Sandviken geleitet. Der Pfad wird nun noch schmaler und man muss an einigen Stellen sehr vorsichtig sein, aber er ist mit roten Punkten gut markiert und trotz allem gut erkennbar.

Genießt zwischendurch die Aussicht auf den Tinnsjø, an dem ihr, in einiger Höhe, entlang geht. Der Pfad entlang des Sees ist anstrengend zu gehen, aber auch ein besonderes Erlebnis und ihr habt euch in Sandvika angekommen eine Pause mit wunderschöner Aussicht über den See redlich verdient.

Blick auf Sandviken

46

Teil 2: Sandviken - Hovin

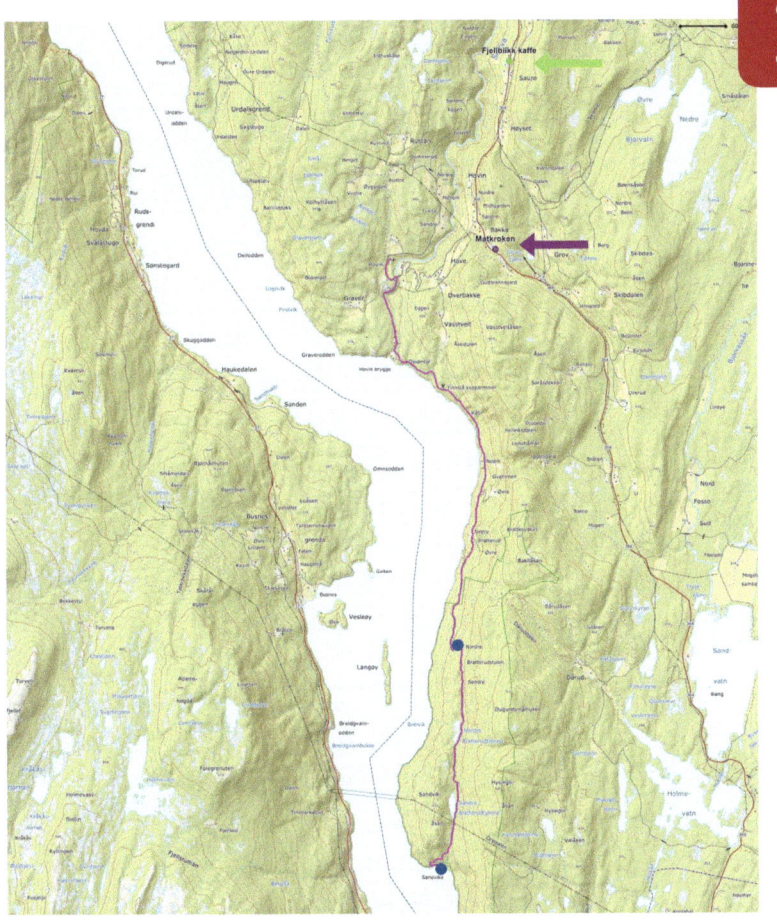

Lila Pfeil: Lebensmittelgeschäft Hovin
Grüner Pfeil: „Fjellblikk Kafe und Hütten"
Blauer Punkt: Bank/Rastmöglichkeit

Das Haupthaus von Sandviken

Sandviken (Sandbucht), ist ein Hofkomplex, der umgeben von Wald direkt am Tinnsjø, und etwa 10 km entfernt von Hovin liegt. Der Ort wurde bis etwa 1920/30 ganzjährig bewohnt und danach verlassen.

Es ist einer der typischen Plätze in Norwegen, die vorwiegend vom Wasser aus erreichbar waren. Von Land her ist der Hof nur über den alten „Kjerrevei" (Karrenweg), den ihr gehen werdet, erreichbar gewesen. Heute wird das Haupthaus nur noch im Herbst zur Jagdzeit genutzt und die Jäger versuchen den Verfall, mit viel Engagement so gut es geht aufzuhalten. Sie haben auch diesen wunderschönen Grillplatz errichtet.

Vom Strand aus haltet ihr euch auf einem Graspfad nach links dem Wasser entlang, bis ihr auf einen steinigen, steil bergauf führenden Weg in den Wald trefft.

Die ersten rund 600m geht es nun steinig und steil bergauf. Der Weg wird immer wieder mit groben Steinen aufgeschüttet und nicht sehr stark verdichtet. Nach diesem ersten, steilen Anstieg wird der Weg durch das Naturreservat schnell besser.

Ihr folgt einem kleinen Bach, zu eurer Linken, bergan, bis ihr zu einem kleinen See kommt, den Bieber angestaut haben.

Folgt dem grasbewachsenen Waldweg weiter hinauf, bis ihr am höchsten Punkt nach etwa 2 km auf einen Wendeplatz stoßt. Der Waldweg wird nun breiter und auch ebener und führt etwa einen Kilometer auf der Höhe entlang.

Nun geht es langsam und bequem wieder bergab und ihr bekommt den Tinnsjø, der links unter euch liegt, wieder zu sehen.

Ihr folgt weiter dem Hauptweg in zwei Kehren, zuerst nach links und dann nach rechts bergab, bis ihr wieder auf einen, diesmal etwas grösseren, geschotterten Wendeplatz stosst.

Auf der anderen Seite des Platzes seht ihr ein Holzschild mit der weissen Kirche und folgt nun einem Schotterweg weiter geradeaus.

Der Weg führt euch immer oberhalb entlang des Tinnsjø (zu eurer Linken) Richtung Hovin. Auf dem Weg kommt ihr an zwei Höfen "Bratterud Gård" (17. Jahrh.) und "nedre Gvammen" vorbei.

Etwa 2 km hinter "Bratterud Gård" seht ihr am linken Wegrand zuerst ein Feuerholzlager und dahinter die Mauerreste einer alten Wäscherei und Baracken die zur früheren Tinnsjø Kupfermiene gehörten. Der Eingang zu der ehemaligen Miene liegt im Wald gegenüber.

Nach 8,5 km Weg gelangt ihr vor einer Brücke an eine Wegschranke, die immer geschlossen ist.

Ihr müsst also ein wenig klettern um über die Brücke weiter gehen zu können. Es ist das Flüsschen Skirva, das ihr überquert und dem ihr nun Richtung Kirche folgen werdet. Zuerst geht ihr ein Stück bergan bis ihr auf die Hauptstrasse des Dorfes trefft. Nach links könnt ihr hinunter zum ehemaligen Schiffsanleger von Hovin gelangen, zur Kirche biegt ihr nach rechts ab und folgt dem Flüsschen (zu eurer Rechten) bergan.

Nach einem Kilometern trefft ihr wieder auf eine T-Kreuzung. Der Hinweis zur Kirche leitet euch nach links die Strasse hinauf. Ihr könnt die Kirche schon direkt nach der Kreuzung sehen und ebenso gut die Abkürzung über eine Wiese nehmen, die bis an die Kirche reicht.

Hovin Kirche

Wenn ihr dagegen der Strasse nach rechts (bergan) folgt, kommt ihr hinauf zur Landstrasse von Kongsberg nach Austbygde, an der auch, ein paar Hundertmeter nach rechts der Lebensmittelladen des Dorfes und ca 2 km bergan nach links das „Fjellblikk Kaffe" mit Übernachtungsmöglichkeit liegt.

Tinnsjø Kupfermiene

Im Jahr 1540 wurde in der Nähe von Seljord zum ersten Mal Kupfer gefunden. 8 Jahre später erhielten 4 Mann von König Kristian die Erlaubnis im Gebiet die "Telemarkische Kupfergrube" zu betreiben. In dieser Zeit wurde insgesamt an 4 Stellen Kupferabbau betrieben. Am Ende wurde die Grube in „Venelund" als die Ergiebigste ausgewählt. In einer Aufzeichnung von norwegischen Bergwerken, aus dem Jahr 1665, konnte man lesen, dass die Grube nicht mehr in Betrieb war.

Etwa um 1900 wurde in den Bergen der Umgebung wieder nach Kupfer gegraben. 1903 wurde dann reines Kupfer auf dem Hügel Süd von „Vasstveit" gefunden.

Die „Tinnsjø Kupfermiene" wurde daraufhin im „Vasstveitgebiet", ein Jahr später, erschlossen. Es wurden Baracken und eine Wäscherei gebaut, aber es war ein lästiger Transport und die Wäscherei war nicht zeitgemäß. Im Laufe des Jahres 1913 nahm die Tätigkeit in der Miene bereits wieder ab. Es gab noch weitere Probegruben im Vasstveitgebiet, mit Gängen und Schächten.

Später fand man nach längerer Suche in der Umgebung zuerst alte Wege, Mauerreste und andere Zeichen von früherer Grubenaktivität.

Sogar die Anlegestelle am Tinnsjø ist noch heute zu sehen. Man folgte den Konturen der alten Transportwege, um dann auch den Eingang zur Grube zu finden.

Die Grube an sich ist 150m lang bevor es anschließend 55m senkrecht nach unten geht. Dieser Teil steht unter Wasser. Im waagerechte Gang steht nur wenig Wasser, da das meiste davon herausfließt. Der Eingang zur Grube ist glatt und gleichmäßig und man stellt sich die Frage, wie das mit den damaligen Werkzeugen möglich war. Der Eingang ist offen, aber normalerweise bekommt man dort nasse Füsse und man sollte auch sonst nicht hinein gehen, da es zu gefährlich ist.

Quelle Originaltext: gransherad.net

Die alte Postkarte habe ich auf www.boiset.net gefunden

Mauerreste heute

Tag 2: Hovin - Austbygde

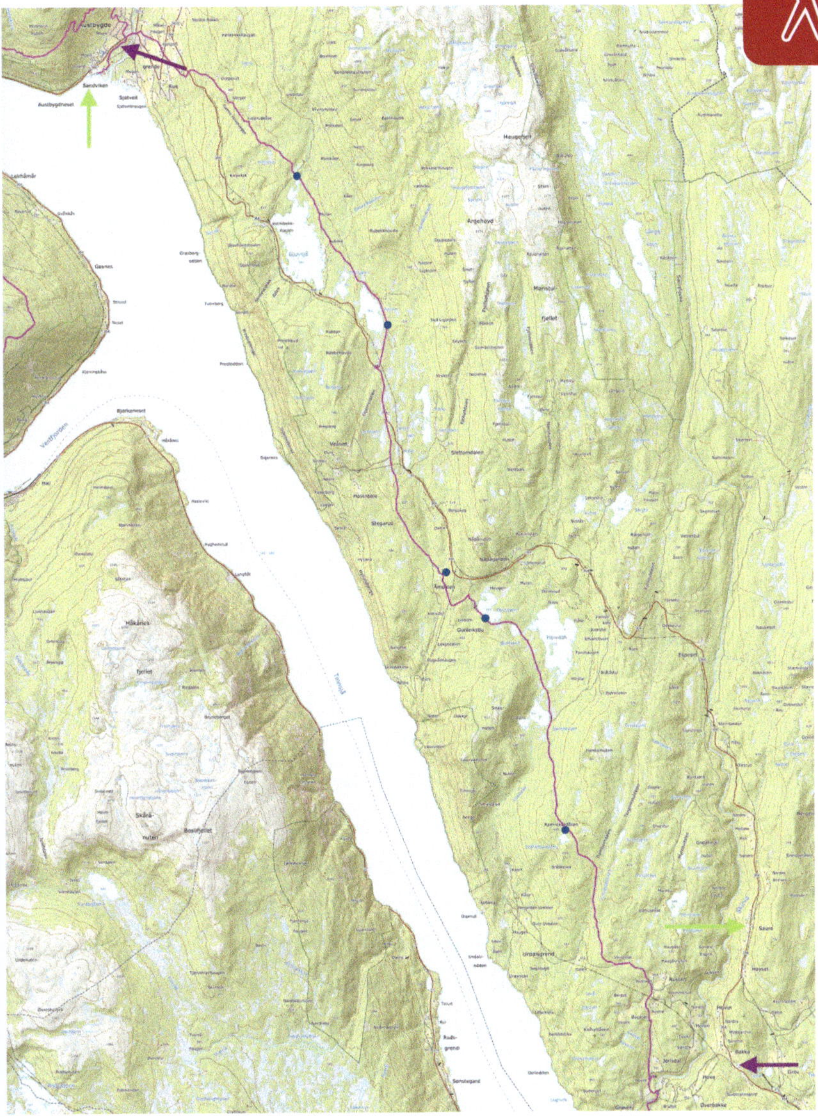

Lila Pfeile: Hovin - Lebensmittelgeschäft
              Austbygde - Lebensmittel
                      Bäckerei/Café, Bank
Grüne Pfeile: Hovin - Fjellblikk Kafe und Hütten
              Austbygde - Sandviken Camping
Blauer Punkt: Bank/Rastmöglichkeit

Von der Kirche in Hovin aus führt unser Weg entlang des alten Hovin Weges „Hovin Heia" nach Austbygde.

Dieser alte Weg wurde, bis zum Bau der heutigen Landstrasse 1935, als Verbindung zwischen den Dörfern Hovin und Austbygde genutzt.

Wer auf diesem alten Hovin Weg unterwegs ist wird sich sicher fragen, wie man auf diesen Wegen jemals hat Auto fahren können. Es wird erzählt, dass entlang der Strecke, der eine oder andere Bauer sich ein Zubrot damit verdiente, die Autos, die teils sehr steilen Abschnitte, hinauf zu ziehen. Heute ist diese ehemalige "Hauptstrasse" ein wunderschöner Wanderweg.

Von der Kirche in Hovin aus geht ihr den Fahrweg hinauf zur Strasse. Dort wendet ihr euch nach rechts und seht sehr schnell den, auf der linken Strassenseite liegenden Grasweg. Dieser Grasweg führt euch, langsam ansteigend vorbei an einem Hof und geht dann in einen schönen Waldweg über. Teilweise weiden hier Kühe und es ist möglich, dass ihr über einen, nicht permanenten, Zaun steigen müsst. Es ist ein schönes Stück der alten Strasse, an der ihr noch die großen Kantsteine als Absicherung zur Talseite sehen könnt. Der Weg führt euch über kleinere Bäche und stetig ansteigend durch den Wald und geht später wieder in einen Grasweg über. Hinter einer Rechtskurve seht ihr einen weiteren Hof zu eurer Rechten liegen. Ihr stosst kurz darauf auf eine Lichtung, die ihr entlang der rechten Seite überquert. Wenig später gelangt ihr auf die neue Schotterstrasse, die heute die Höfe miteinander verbindet. Die Schotterstrasse (Urdalsvegen) kommt von rechts den Berg herauf und ihr folgt ihr gerade aus bergan. (der Weg nach links führt nur zu einem weiteren Hof)

Ihr folgt der Schotterstrasse etwa 1 km, bevor ihr an einem Sackgassenschild/Wendeplatz nach rechts wieder auf die alte „Hovin Heia" abbiegt.

Ihr folgt diesem (jetzt als "kjerrevei - Karrenweg" beschriebenem) Weg weiter, meist gleichmäßig aber auch ein Stück steiler, bergan durch den Wald. Haltet euch immer eher links auf dem Hauptweg.

Ihr gelangt auf eine felsige Anhöhe. Bei der gemeinsamen Pilgerwanderung 2019 erzählte man uns, dass hier die Norweger 1940 den Vormarsch der Deutschen auf Rjukan/Vemork zunächst einmal verhindern konnten.

Anschliessend folgt ihr dem „Kjerrevei" weiter, nun abwärts durch Wald und teils offenerer Landschaft mit Felsen, Moos, Heide und Beeren. Nach 2,5 km gelangt ihr an einen See, der zu eurer linken Seite liegt. Ihr folgt dem Weg immer direkt entlang des Sees. Ein Stück führt der Weg durch moorige Landschaft und der Weg kann, je nach Jahreszeit und Wetter, sehr feucht sein.

Etwas später führt euch der Weg über eine alte Brücke und geht bald in einen Fahrweg über, dem ihr weiter gerade aus gehend folgt. Der Fahrweg führt euch vorbei an einigen Seen und Hütten, bis ihr an eine Schranke gelangt. Hinter der Schranke führt der Weg an einem Steinbruch vorbei bergauf und trifft dort auf einen weiteren Schotterweg. (der von rechts kommend, von der neuen Hovin Heia herunter führt) Ihr biegt dort nach links ab und folgt dem Schotterweg bis ihr an einem Hof vorbei kommt. Dort biegt ihr rechts zur alten Heie Schule ab. Im Anbau hinter der Schule findet ihr die alten Plumpsklos.

Nach der kleinen Pause geht ihr zurück zum Schotterweg und folgt ihm 200m nach rechts bergab, bis ihr in einer Linkskehre gerade aus einen Grasweg seht. Diesem Grasweg folgt ihr stetig ansteigend und immer gerade aus durch den Wald. Nach etwa 1 km stösst dieser auf einen Schotterweg, der nach links zu einem Hof führt.

Ihr folgt dem Schotterweg gerade aus bergan und haltet euch dabei auf dem breiten Hauptweg, von dem ab und zu Zufahrtswege abgehen. Nach etwa 2 km gelangt ihr an die neue "Hovin Heia", der Hauptstrasse zwischen Kongsberg und Tinn. Ihr biegt nach links ab und folgt der Strasse etwa 1 km. Achtet auf den Verkehr, auf dieser etwas unübersichtlichen und kurvigen Strasse.

In einer S-Kurve biegt ihr nach recht in einen Schotterweg ein, der meist mit einer Schranke verschlossen ist. Ihr dürft also wieder einmal ein wenig klettern. Direkt vor euch, in einer Kurve, seht ihr dann eine Bank stehen. Ihr folgt dem Schotterweg hinein in ein Hüttengebiet, das "Hafoss vel" heisst und direkt oberhalb eines Sees liegt. Der Schotterweg folgt dem See, der zu eurer Linken liegt. Am See gibt es einige schöne Rastmöglichkeiten und Bänke für eine Pause.

Nach etwa einem km führt der Schotterweg nach rechts vom See weg. Dort verlasst ihr den Schotterweg und folgt dem Weg, der gerade aus weiter am Ufer entlang führt. Wenn der Weg das Hüttengebiet verlässt, überquert er ein kurzes Stück Moor. Dort hat man einige Holzbalken und Paletten hingelegt, damit es trotzdem trockenen Fußes passierbar ist. Im Anschluss an das Moorgebiet, führt euch der Weg ein kurzes Stück bergan, wieder in den Wald hinein. Nun folgt ein schöner, verwurzelter Waldweg der euch in ständigem, leichten auf und ab, über einige alte einfache Brücken durch den Wald führt.

Nach etwa 3 km auf diesem schönen Waldweg stosst ihr nach einem kurzen, etwas steileren, Abstieg auf einen Schotterplatz mit einer Grillstelle. Ihr überquert den Platz am linken Rand und stosst im Anschluss wieder auf einen Schotterweg. Auf der gegenüber liegenden Seite des Weges, setzt ihr euren Weg auf der alten "Hovin Heia" fort. Am Anfang geht es ein, meist sehr feuchtes, Stück über Gras, bevor es noch einmal ein kurzes Stück, steil und steinig, bergauf geht. Auf der Höhe angekommen geht der Weg aber wieder in einen schönen Waldweg über, der euch langsam aber sicher bergab Richtung Austbygde führt.

Der Weg ist teilweise sehr ausgewaschen und steinig und man kann sich gut vorstellen, dass die Autofahrer hier damals Hilfe brauchten.

Nach etwa 1 km trefft ihr auf der rechten Seite auf einen verlassenen Hof. Etwa 200m weiter führt ein Weg nach rechts zu einem weiterer Hof, der versteckt hinter Bäumen liegt. Gegenüber des Weges könnt ihr links einen Trampelpfad im Wald erkennen, der euch zu einer felsigen Anhöhe führt. Von dort oben aus habt ihr einen wunderschönen Blick über den Tinnsjø links nach Mæl, sowie rechts nach Atrå + Austbygde.

Zurück auf dem Waldweg sind es nun nur noch ein paar hundert Meter bergab, bevor der Waldweg wieder einmal auf die neue "Hovin Heia" stößt.

Hier überquert ihr die Hauptstrasse und folgt dem direkt gegenüber liegenden Weg hinunter in den Ort. Auf halber Strecke müsst ihr ein weiteres Mal die neue Strasse überqueren.

Unten im Dorf stosst ihr zuerst auf die „Austbygde Bakeri & Café". Ihr haltet euch nach rechts, überquert die Brücke und folgt der Hauptstrasse in Richtung Atrå. Auf der linken Seite liegen dann erst „Austbygde Interieur", anschliessend der KIWI (Lebensmittel Markt) und daneben die Bank. Ihr überquert den Parkplatz und geht direkt dahinter einen kleinen Pfad hinunter zum „Øyan", einem kleinen Freizeitgelände mit Grillplätzen am Fluss. Ihr überquert eine Brücke und biegt dahinter nach rechts ab, überquert eine weitere Brücke und folgt dem Weg durch den Wald. Nach etwa 1 km biegt ihr nach rechts in Richtung einer weiteren Brücke vom Weg ab. Hinter der Brücke liegt bereits das Gelände des Campingplatzes.

die alte Heie Schule

Hier wurde von 1886 bis 1958 unterrichtet. In der Kommune Hovin gab es insgesamt sieben dieser kleinen Schulplätze. Die Heie Schule war dabei eine der größten. Das Gebäude wurde nahezu mittig auf dem Weiler und direkt an der alten Strasse zwischen Tinn und Kongsberg platziert.

Früh im 19. Jahrhundert wohnte eine ganze Reihe Menschen auf etwa 30 Höfen und Wohnstätten hier in Heie. Teilweise kamen auch Kinder der Höfe, die auf Tinn Seite lagen, hierher zur Schule. Tinn bezahlte dafür eine jährliche Abgabe an die Schulkasse von Hovin. Die meisten Schüler hatten einen langen und steilen Schulweg auf einfachen Pfaden und gingen bis zu 2 Stunden um zur Schule zu kommen z.B. von den Höfen Launigen, Hylland oder Fagerberg.

Der Stil der um 1880-90 erbauten Schulen war meist gleich. Es gab einen Klassenraum, eine Küche und einen Raum für den Lehrer, wo er wohnen konnte wenn es notwendig war. Im Nebengebäude sind die Plumpsklos untergebracht. Die Lehrer der Heie Schule unterrichteten im Wechsel von 5 Wochen von 1892 - 1906 zusätzlich erst an der Schule von Urdalsgrend und danach an der Schule in Rudsgrend.

Die Schule ist heute Schulmuseum.

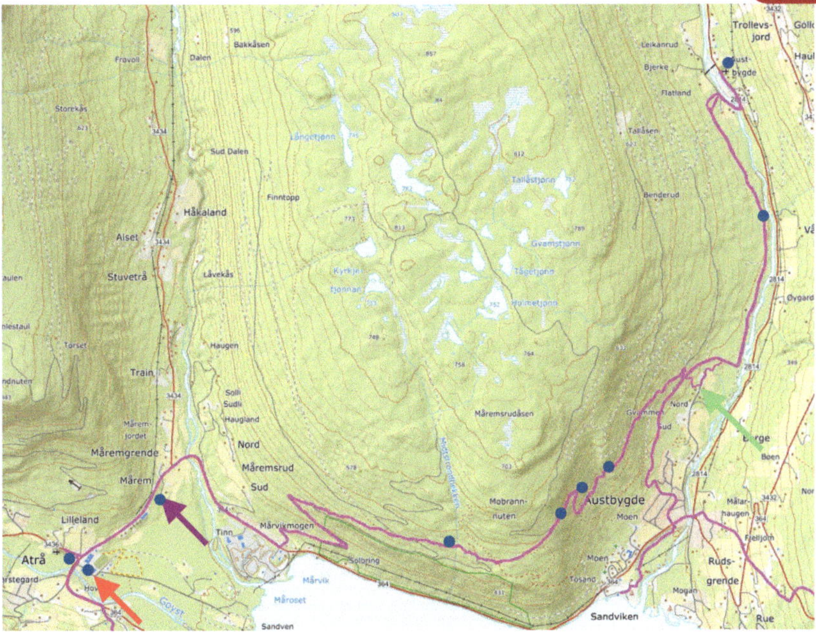

Lila Pfeil: Spar Markt Atrå mit warmer Theke
Grüner Pfeil: Pilgerherberge/Kapelle
roter Pfeil: Handwerkszentrum
Blaue Punkte: Bank/Rastmöglichkeit

Vom Campingplatz aus geht ihr durch das
Freizeitgelände "Øyan" zurück ins Zentrum von
Austbygde und biegt dann hinter der Dølehalle/
Bushalteplatz nach links ab. Biegt in die nächste

Strasse erneut nach links ein und folgt dieser
bergan. Sie macht zuerst eine Rechts- und dann
eine Linkskurve bevor sie an einem Fussballplatz
vorbeiführt. Hinter dem Fussballplatz macht die
Strasse erneut eine Linkskurve, anstatt ihr zu
folgen, geht ihr gerade aus weiter, auf einem
Schotterweg, Richtung Wald. Ihr folgt dem
Schotterweg, der zuerst eine Linkskurve macht,
einen Platz überquert und euch dann in einer
Rechtskurve hinauf in den Wald führt. Nach etwa
2 km kommt ihr an eine Weggabelung, an der
euch ein Schild nach rechts bergab zur Kirche
von Austbygde und ein Schild geradeaus und
weiter bergan Richtung Kirche von Atrå leitet.

Dort geht ihr nach rechts bergab Richtung
Austbygde Kirche. Folgt dem Weg 3 km bis ihr
über eine Brücke gehend auf die Strasse von
Austbygde nach Tessungdalen trefft. Dort könnt

ihr schon zur Linken die Kirche von Austbygde sehen.

Nachdem Besuch der Kirche geht ihr den gleichen Weg wieder zurück, bis ihr an die Weggabelung kommt. Dort geht ihr nun nach rechts, dem Schild Richtung Atrå Kirche folgend, ein kurzes Stück bergan, bevor ihr in einer Spitzkehre nach links auf einen Waldweg abbiegt. Ihr folgt dem Waldweg leicht ansteigend, bis ihr in einer Rechtskehre auf eine Bank stosst. Hier folgt ihr nicht weiter dem Hauptweg, sondern geht gerade aus an der Bank vorbei, auf einem nun schmaleren Pfad weiter stetig bergauf. Zwischen den Bäumen könnt ihr nun immer wieder eine wunderschöne Aussicht auf den Tinnsjø genießen. Wenig später kommt ihr zu einer Bank mit wunderschöner Aussicht hinunter zum Sandviken Campingplatz und über den

Tinnsjø. Auf dem Weg hinauf werdet ihr noch weitere Bänke passieren, die euch zu einer kleiner Verschnaufpause einladen.

Da wo der Pfad nun immer steiniger und steiler wird wartet die spektakuläre Aussicht über den Tinnsjø auf euch, die das Cover des Buches ziert.

Danach geht es in zwei Kehren weiter hinauf, auf den höchsten Punkt dieser Etappe.

In einer Kehre, stößt der Pfad auf einen breiten Fahrweg. Ihr folgt diesem Fahrweg leicht links und abfallend etwa 1 km, vorbei an dem Hinweis zum Sandviken Camping (links) und zum "Åsral" (einem ehemaliger Hof) rechts.

Kurz darauf weist euch ein Schild, mit der Aufschrift („Gamal kyrkjeveg"/„alter Kirchenpfad"), nach rechts in auf einem grasbewachsenen Pfad in den Wald. Kurz darauf biegt ihr dann nach links in einen Waldpfad hinein. Von nun an seid ihr ein gutes Stück auf einem der alten Kirchenpfade unterwegs. Die Bewohner der Höfe benutzten ihn bis zum Bau

der Kirche in Austbygde 1888 für ihren Weg in die Kirche nach Atrå. Immer wieder könnt ihr noch sehr gut die alten Stützmauern erkennen.

Dieser alte Pfad führt euch über eine Brücke und durch eine Waldlandschaft mit weissem Moos, Heide, Preisel- und Blaubeeren.

Nach einer Weile stosst ihr wieder auf den Fahrweg, dem ihr aber nur ein paar Meter folgt, bevor euch ein weiteres Schild nach links wieder hinunter auf den alten Kirchenpfad leitet. Etwas später trefft ihr erneut den Fahrweg und folgt diesem einige Meter bevor ihr, dieses Mal nach rechts, hinauf auf den alten Pfad geleitet werdet.

Wenn ihr das nächste Mal auf den Fahrweg stosst, folgt ihr ihm ein gutes Stück, bis ihr wieder nach links auf einen Pfad geleitet werdet. Im Tal trefft ihr auf die Strasse zwischen Austbygde und Atrå. Dort angelangt biegt ihr nach rechts ab und folgt der Strasse nach Atrå. Bis zur Kirche sind es nun noch etwa 3 km.

Stabbur in Atrå von 1350

Wenn ihr die Brücke über den "Kaddehøl" überquert habt, liegen links und rechts der Strasse die "Mårum Höfe". Achtet doch einmal im Vorbeigehen auf die alten „Stabbur" von 1350.
Auf der linken Strassenseite folgen anschließend zuerst der Spar Markt, dann die alte und die neuen Schule von Atrå
Auf der rechten Straßenseite seht ihr dann die Hauptkirche der Kirchengemeinde Tinn liegen. Hier stand zuerst, seit Ende des 11 Jahrhunderts, eine Stabkirche, die im Jahr 1836 durch die heutige Kirche ersetzt wurde. Die alte Stabkirche wird zu den ältesten Kirchen in Tinn gezählt.

Atrå Kirche

Hinter der Schule findet ihr das sehr sehenswerte Handwerkszentrum von Atrå. Dort könnt ihr alle möglichen Handarbeiten bewundern und kaufen.
Der Besuch lohnt sich für alle die sich für Kunsthandwerk und das kulturelle Erbe der Region interessieren.

70

Handwerkszentrum Atrå

Es ist während der zwei monatigen Sommer und auch der zwei wöchigen Herbstferien täglich geöffnet. Außerhalb dieser Zeiten findet ihr an der Tür eine Telefonnummer, die ihr anrufen könnt um euch die Ausstellung anzusehen. (unter der Woche ist fast immer ein netter Herr im Keller des Gebäudes in sein Werkstatt zu Gange, der euch gerne die Ausstellung zeigt).

In der Ausstellung (eine Verkaufsausstellung) findet ihr in Handarbeit hergestellte Kunst und Gebrauchsgegenstände, die nach alten Traditionen hergestellt wurden.

Das Angebot reicht von den für Tinn so typischen handgeschmiedeten Messern, mit geschnitzten Schäften, über norwegische Strickjacken („Kofte" genannt , die meist rund, in einem Stück gestrickt und dann aufgeschnitten werden) und Pullover ("Genser"), einheimische Trachten (Tinn - Bunad, mit ihren handgestickten Borten und handge-webten Gürteln) sowie gewebte Teppiche. Aber ihr findet auch traditionellen Silberschmuck, Glas, Keramik, Gemälde, Holzgegenstände für den täglichen Gebrauch oder reich verzierte zur Dekoration und das ebenfalls für die Region so typische "Rosemaling". Für alle handwerklich Begeisterten lohnt diese Ausstellung sicher einen Besuch.

Tinn Messer

Tinn Bunad

„rosemaling"

72

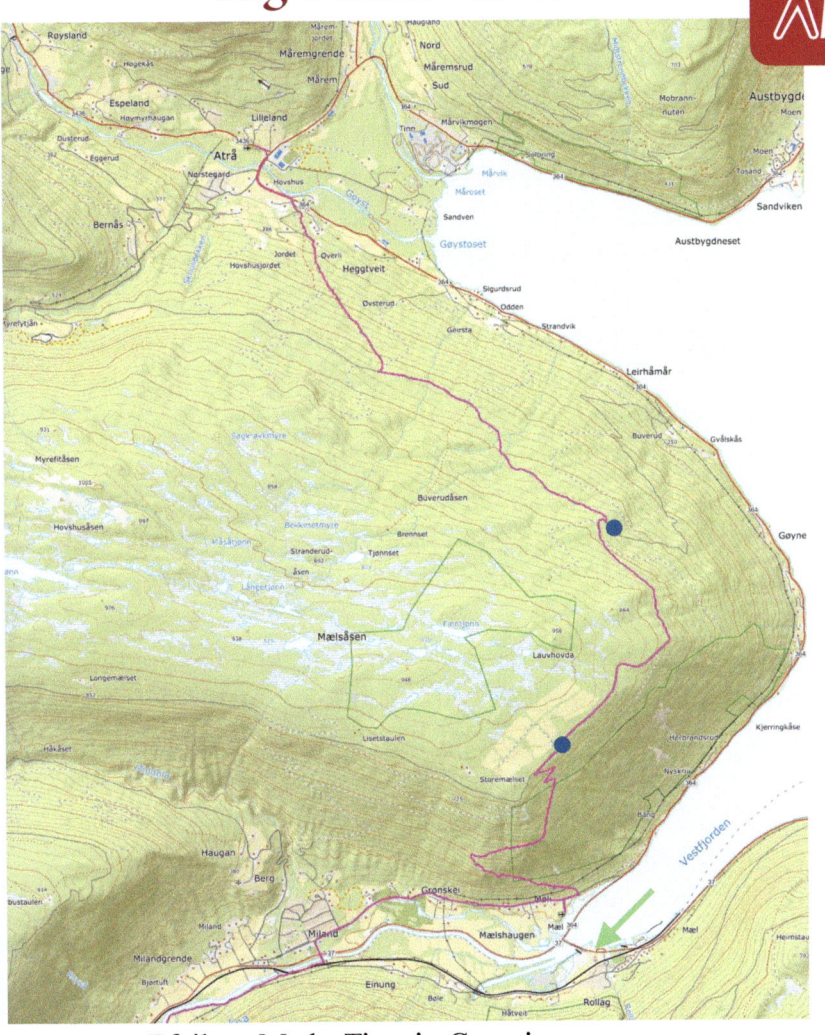

grüne Pfeil: Mæl - Tinnsjø Camping
blaue Punkte: Pilgerbank

Von der Kirche in Atrå aus, folgt ihr einem alten Pfad entlang der Friedhofsmauer hinunter zur Strasse und biegen dort nach rechts ab. Folgt der Hauptstrasse, zuerst über eine Brücke und dann etwa 500m weiter in Richtung Rjukan, bevor ihr an einem Hinweisschild nach rechts und kurz darauf wieder nach links, auf einen bergan führenden Schotterweg, abbiegt. In einer Spitzkehre, verlasst ihr den Schotterweg und folgt geradeaus einem Grasweg. Ihr werdet kurz darauf erneut an einem alten Stabbur vorbeikommen, während der Weg in stetiger Steigung weiter hinauf führt. Ein Schild verweist euch auf einen „Karrenpfad", dem ihr weiter aufwärts folgt. Etwas später verläuft parallel zu eurem Weg ein Waldweg. Ihr bleibt jedoch auf eurem Weg, der mit schönen Kantsteinen versehen ist.

Wenn der „Karrenweg" in einen breiten Waldweg übergeht, seht ihr ein Schild das euch nach links leitet. Folgt dem Waldweg weiter bergauf, aber vergesst nicht euch ab und zu umzudrehen, um die schöne Aussicht, zurück nach Atrå und hinüber nach Austbygde, zu geniessen.

Wenn der Waldweg auf einen breiten Fahrweg stösst, weist euch ein Schild darauf hin, dass ihr bereits 3 km (real schon 4 km) bergan gegangen seid und noch 7 km bis Mæl vor euch liegen. Der Fahrweg geht bald darauf in einen relativ neu angelegten Verbindungsweg über.

Dieser Weg wurde für die "Tinnløypa" (Skiloipe im Winter) angelegt, die von Gvepseborg bis nach Atrå führt und auch Teil des Fahrradrennens "Telemarkhelten" ist. Am Ende des Verbindungsweges trefft ihr wieder auf einen Schotterweg und das Hinweisschild weist euch nach rechts weiter den Berg hinauf. Oben auf dem Grat bieten sich euch wieder, durch die Bäume, schöne Ausblicke auf den Tinnsjø. Nach 8 km habt ihr nun mit 850 hm den höchsten Punkt des Pilgerweges erreicht. Hier wartet ein einfacher Rastplatz mit Aussicht auf euch. Die Pause habt ihr euch redlich verdient und anschliessend geht es nur noch bergab, dann mit Blick auf den Gaustatoppen.

Auf dem Bergkamm kommt ihr nun am "Menkhus" vorbei. Es handelt sich hierbei um eine „Fellesbeite", das sind Weideflächen, die sich mehrere Höfe aus dem Tal im Sommer für ihre Tiere teilen. Wenn ihr einen kleinen Abstecher nach rechts hinauf Richtung Scheune macht, könnt ihr den alles überragenden Gaustatoppen in voller Größe bewundern.

Gaustatoppen 1886m

Der Weg weiter, ist nun leicht abfallend und etwas weiter unten seht ihr dann ein Schild, dass euch in einer Linkskehre auf einen schmalen Pfad in den Wald leitet. Von hier aus ist der Pfad mit roter Farbe an den Bäumen markiert. Nun liegen 4 km zum Teil steiler Abstieg vor euch.
Der Pfad durch den Wald erfordert Trittsicherheit und unter Umständen ein wenig Talent zum Klettern. Es ist immer wieder möglich das Bäume

über diese alten Pfade kippen oder schneller hineinwachsen als wir sie schneiden können.

Es ist daher wichtig, dass ihr euch aufmerksam an der roten Markierung orientiert. Auf diesen Pfaden wurden schon früher die Tiere hinauf auf die Fellesbeite geführt. Um so weiter nach unten ihr kommt, um so besser wird der Pfad wieder.

Oberhalb der Kirche kommt ihr zu einem schönen Aussichtsplatz der „Håmaren" genannt wird und von dem aus ihr einen schönen Blick hinein ins Vestfjorddalen und somit Richtung Dal und hinunter auf die Kirche und im Hintergrund dem Schiffsanleger von Mæl geniessen könnt. Das Tagesziel liegt somit in greifbarer Nähe. Es folgen noch ein paar hundert Meter Pfad hinab und zwei Weidepforten bevor ihr an eine Strasse gelangt. Ihr folgt ihr nach rechts und seht schon bald auf der linken Seite die Kirche von Mæl, oberhalb der Måna, liegen.

Mæl Kirche

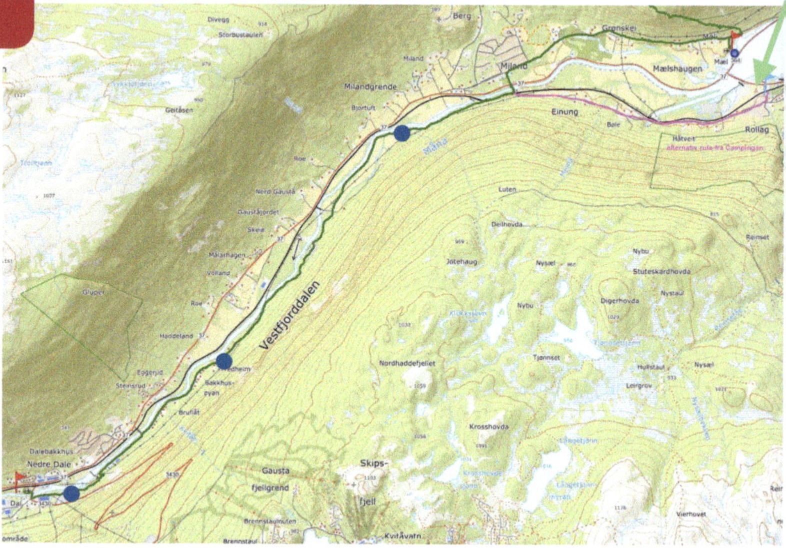

grüner Pfeil: Tinnsjø Camping
blaue Punkte: Bank/Rastmöglichkeit

Vom Campingplatz aus, könnt ihr an der Rezeption vorbei und dann nach rechts die Strasse Richtung Rollag nehmen und stosst dann vor der Bahnlinie auf den Pilgerweg. (pink)

Von der Kirche in Mæl aus geht ihr wieder hinauf zur Strasse und biegt nach links ab. Ihr folgt dieser wenig befahren Strasse, vorbei an einigen Höfen und einem Golfplatz, in Richtung Miland. Nach 2,5 km seht ihr auf der linken Seite der Strasse die Schule von Miland. (ein großer, gelber, älterer Gebäudekomplex) Biegt vor der

Schule in einen Fussweg ein, der euch hinunter auf die Hauptstrasse von Mæl nach Rjukan sowie eine Bushaltestelle führt.

Dort überquert ihr erst die viel befahrene Strasse, dann den Fluss Måna. Ihr seid nun auf der Strasse die über Rollag vom Campingplatz/Mæl kommt.

Direkt vor den Bahnschienen führt nach rechts ein Schotterweg (Månasti) immer auf der linken Seite des Flusses Måna entlang in Richtung Dal und weiter nach Rjukan.

Später wird vor euch wieder der 1886 m hohe Gaustatoppen auftauchen. Der Blick auf den majestätischen Gaustatoppen wird euch bis zur Kirche nach Dal begleiten.

Das letzte Stück Weg führt durch ein Wohngebiet, am "Brautschleier Wasserfall" vorbei und kurz vor der Kirche am Stauwerk der Måna.

79

Dort wird euch der Schotterweg nach links oben, um den Damm herum leiten. Weiter geht es auf dem „Månastien" Richtung Dal. Wenn ihr an die Strasse hinauf zum Gaustatoppen gelangt, könnt ihr auf der rechten Seite der Måna die Kirche von Dal liegen sehen.

Ihr seid nun an der letzten unserer sechs weißen Kirchen und damit an eurem Ziel angekommen. Die alte Stabkirche die früher an diesem Platz stand, war im Mittelalter bereits Ziel von Pilgern. Die Pilger erwarteten sich von der „Dalmadonna" Heilung von Armen und Beinen.

Dal Kirche

Die „Dalmadonna" steht heute im Kunsthistorischen Museum in Oslo

80

Informationen zu Rjukan

Wir empfehlen euch, von Dal aus, 5 km weiter entlang der Måna nach Rjukan zu gehen und dort ein paar Urlaubstage zu verbringen.

Rjukan war bereits im 19. Jahrhundert auf Grund seines 104 m hohen Wasserfalls als Turistenregion bekannt. Seit Anfang des 20. Jahrhunderts wird der Wasserfall in Rohren umgeleitet zur Stromerzeugung genutzt. Norsk Hydro in Rjukan brauchte den Strom für das selbst entwickelte Birkeland-Eyde-Verfahren um Mineraldünger herzustellen – als erstes Unternehmen der Welt! Dies leitete nicht nur die moderne industrielle Revolution in Norwegen ein, es revolutionierte zudem die weltweite Nahrungsmittelproduktion und legte den Grundstein für Norwegens Weg von einem der ärmsten zu einem der reichsten Länder Europas. Rjukan ist zudem Norwegens erste von einem Architekten entworfene Stadt und wurde von Norsk Hydro in Rekordzeit aufgebaut. Industrimagnat Sam Eyde legte den Grundstein und wollte eine ästhetische Mustergesellschaft erschaffen. Um Arbeiter nach Rjukan zu holen baute er zudem auf höchstem technischen Niveau. Im Jahr 2015 wurde die Industrieregion Rjukan-Notodden von der UNESCO-Kommission zum Weltkulturerbe erklärt. Als solches gelistet werden Orte von herausragender Bedeutung für die Menschheit, die erhalten werden sollen.

Rjukan zu Füßen
des Gaustatoppen

Vemork Kraftwerk

Vemork

Das Wasserkraftwerk Vemork, am Rjukanfossen,
wurde im Herbst 1911 fertig gestellt und war zu
dieser Zeit das größte Kraftwerk der Welt. Es
wurde Schauplatz einer der wichtigsten Sabotage-
Missionen im 2. Weltkrieg, als norwegische
Saboteure die Nationalsozialisten daran
hinderten, das für die Herstellung der
Atombombe benötigte schwere Wasser zu
entwickeln. In den alten Räumlichkeiten befindet
sich heute das Norwegische Industriearbeiter
Museum, wo ihr etwas über die norwegische
Industrie- und Kriegsgeschichte erfahren könnt.
Der Weg, den die Widerstandskämpfer für die
Sabotageaktion nutzten, ist heute ein markierter
Wanderweg und wird auch als geführte Tour
angeboten.

82

Rjukanbanen + M/F Storegut

Nachdem ihr den Pilgerweg rund um den Tinnsjø gegangen seid, solltet ihr euch eine Fahrt mit der alten Rjukanbahn und der Storegut über den Tinnsjø nicht entgehen lassen. Bei einer solchen Fahrt bekommt ihr noch einmal einen vollkommen anderen Blick auf euren Pilgerweg.

Bei den Rjukanbanen handelte sich um ein 1909 eröffnetes halb öffentliches Streckennetz, dass mit hohen Staatszuschüssen gebaut wurde. Die Bahnlinie führt von Rjukan (mit einer Seitenstrecke von Vemork) aus nach Mæl, dort schliesst sich die Eisenbahnfährverbindung mit z.B. der M/F Storegut nach Tinnoset an. Dort hatte man Anschluss an das Netz der Norwegischen Staatsbahn. Die Seitenstrecke von Rjukan nach Vemork wurde bis zu ihrem Abbau 1991 ausschließlich von Güterwagen befahren.

Bereits kurz nach Eröffnung der Bahnstrecke wurde ihre Elektrifizierung entschieden. Ab 30.11.1911 fuhr die Bahn dann elektrisch. Sie war damit die erste elektrische Normalspurbahn in Norwegen und setzte den Standart für die spätere Elektrifizierung in Europa.

Die Hauptaufgabe der Bahnlinie galt dem Transport der Güter, des zum Kraftwerk gehörenden Chemiewerkes, das vorwiegend Kunstdünger produzierte, aber auch dem Personenverkehr.

Der Personenverkehr wurde 1970, der Güterlseiverkehr 1991 eingestellt nachdem die neue Strasse entlang des Tinnsjø zwischen Mæl und Gransherad eröffnet wurde.

Die Bahnlinie gehört zum UNESCO Welterbe und die Museumsbahn fährt seit 2016 wieder in den Sommermonaten.

Die Eisenbahnfähre M/F Storegut transportierte einst Zugwaggons mit Kunstdünger von Rjukan nach Tinnoset, sodass dieser von Notodden aus auf den Weltmarkt gelangen konnte. Die M/F Storegut ist heute ein geschütztes Objekt und steht als Teil des Industrieerbes Rjukan-Notodden auf der UNESCO-Welterbeliste.

Sie verkehrt in den Sommermonaten zu bestimmten Terminen zwischen Mæl und Tinnoset und kann auch in Verbindung mit der Museumsbahn zu einem Tagesausflug genutzt werden.

Rjukanbanen

M/F Storegut

Sonnenspiegel

100 Jahre nachdem Oscar Kittelsen und Sam Eyde die Idee des Sonnenspiegels vorgestellt haben, wurde die Idee tatsächlich realisiert. Rjukan liegt in einem Ost/West verlaufenden Tal. Der mächtige Gaustatoppen und die steilen Felsen südlich von Rjukan sorgen dafür, dass Rjukan von Oktober bis März sonnenlos ist. Das Zurückkommen der Sonne ins Zentrum der Stadt wird jedes Jahr mit einem großen Fest gefeiert.

1913 stellte der Buchhalter Oscar Kittelsen die Idee des Sonnenspiegels vor und Sam Eyde (der Erbauer von Norsk Hydro und Rjukan) griff sie einen Monat später wieder auf. Er wollte den Bewohnern auch im Winter das Sonnenlicht schenken. Leider hatte er damals noch nicht die technischen Möglichkeiten. Er ließ dafür 1928 die „Krossobanen" erbauen, damit die Einwohner im Winter hinauf in die Sonne gelangen konnten.

2008 griff Martin Andersen die Idee erneut auf und die Gemeinde Tinn erbaute schließlich 2013 den Sonnenspiegel. Der Spiegel sendet heute die Sonnenstrahlen auf die Mitte des Marktplatzes vor der Tourist Information. Auch im Sommer sieht man die Spiegel 450 m über Rjukan in der Sonne leuchten. Die 3 Spiegelelemente werden automatisch gesteuert und folgen so der Sonne und reflektieren ihre Strahlen auf den Marktplatz.

Krossobahnen

Die Krossobahn ist Nordeuropas älteste Draht-seilbahn und bringt Sie in fünf Minuten von Rjukan bis zum Fuß der Hardangervidda. Die Bahn wurde 1928 als Geschenk von Norsk Hydro gebaut, damit die Bewohner von Rjukan in den Wintermonaten die Sonne sehen konnten. Heute ist die Krossobahn eine Touristenattraktion, die das ganze Jahr über täglich geöffnet ist.

Von der Bergstation Gvepseborg auf 886m (Cafe mit Panoramafenster) hat man einen tollen Blick auf Rjukan, den Gaustatoppen und Gausdalen. Die Krossobahn ist der schnellste Weg hinauf zu Europas größtem Nationalpark der Hardanger-vidda. Ein 20-25 min. Spaziergang auf dem "Solstien" (Sonnensteig) bringt euch auf 1100 m. Die Hardangervidda ist Europas größtes Bergplateau mit einem Areal von 8000 qkm.

Bergstation Krossobahn - Gvepseborg

Gaustatoppen

Der Gaustatoppen, der von vielen als der schönste Berg Norwegens bezeichnet wird, ragt 1883 m hoch über Rjukan in den Himmel. Er wird jährlich von ca. 30.000 Wanderern bestiegen, die von seinem Gipfel die fantastische Aussicht genießen. Bei Fernsicht kann man in Richtung Osten bis zur schwedischen Grenze und in Richtung Süden bis zur Küste sehen. Das Panorama umfasst ein Sechstel Norwegens.

Unabhängig vom Wetter bekommt ihr in der über 100 Jahre alten Steinhütte des Wandervereins Kaffee, Waffeln und kleinere Gerichte serviert. In der Hütte könnt ihr auch einen von euch selbst ausgesuchten Stein stempeln lassen, als Beweis dafür, dass ihr den Gaustatoppen bestiegen habt.

Der beste Ausgangspunkt für diese Wanderung ist Stavsro, das auf 1173 m liegt. Hier befindet sich ein großer Parkplatz mit Kiosk und Toiletten. Der Pfad ist gut mit roten T´s gekennzeichnet, und die meisten brauchen zwei Stunden bis zum Gipfel und etwas kürzere Zeit für den Abstieg. Unterwegs könnt ihr Steine mit Abdrücken von Meereswogen finden. Diese Steine stammen aus einer Zeit, als das Meer bis hier herauf reichte, wo heute Hochgebirge ist.

Gaustabahn

Mit den Gaustabanen kommt ihr bequem auf den Gaustatoppen. Die Bahn führt in zwei Etappen (technisch getrennt jedoch organisatorisch untrennbar) im Berg hinauf. Auf 1170m Höhe geht es zuerst mit einer Strassenbahn ähnlichen Bahn 850m horizontal in den Berg, anschließend steigt man im Berg um in eine Standseilbahn, die einen auf einer Länge von 1050m insgesamt 650 m in die Höhe bringt. Ausstieg ist dann 80 m unterhalb der Berghütte am Ende eines Tunnels.

Die Idee zu der Bahn wurde 1953 entwickelt um den Gaustatoppen touristisch zu erschließen. Diese Idee wurde allerdings im kalten Krieg schnell von Armee und Geheimdienst übernommen, die die Bahn 1959 errichteten. Erst 2008 wurde ein Abkommen mit den Norwegischen Streitkräften geschlossen und die Bahn 2010 nach umfangreichen Sanierungsarbeiten für den Publikumsverkehr eröffnet. Die Bahn ist nicht ganzjährig geöffnet.

Gaustatoppen

Umstieg im Berg
in die Standseilbahn

Die weißen Kirchen

Schlossarchitekt Hans Ditlev Linstow

Das Eine sehr Besondere mit unseren Kirchen ist, dass sie, bis auf die Kirche in Austbygde, alle nach den Zeichnungen des Schlossarchitekten Hans Ditlev Linstow gebaut wurden. Er wurde 1787 in Hørsholm in Dänemark geboren und starb 1851 in Christiania (dem heutigen Oslo). 1823 bekam er den Auftrag das königliche Schloss von Oslo zu zeichnen. Er war ebenso an der Gestaltung des Schlossparks beteiligt. Er war hier z.B. verantwortlich für den Entwurf des Wachstube.

Aus eigener Initiative heraus erstellte er von 1828 - 1831 Musterzeichnungen für Kirchen auf dem Land. Diese Zeichnungen sollten denen als Hilfestellung dienen, die ohne die Hilfe eines Architekten und mit geringen Mitteln eine Kirche bauen wollten. Unter anderem eben auch fünf unserer weißen Kirchen, die rund um den Tinnsjø stehen.

Die Kirchen von Hovin und Gransherad wurden dabei zur gleichen Zeit, nach der selben Zeichnung und vom selben Baumeister erbaut, was die große Ähnlichkeit der Kirchen erklärt.

Im Laufe der Jahre wurden etwa 80 Kirchen landesweit nach seinen Zeichnungen erbaut.

Das andere wirklich Besondere an unseren Kirchen sind ihre Glocken. In Norwegen findet man bis heute 264 Kirchenglocken aus dem Mittelalter; 20 davon in der Telemark und 4 davon in Tinn. 1 in Atrå, 1 in Hovin und 2 in der Kirche von Dal.

In allen weissen Kirchen wird die alte Tradition des Läutens von Hand aufrecht erhalten. Es ist eine Kunst, Kirchenglocken von Hand zu läuten, einen Rhythmus und Klang zu finden.

die 6 weissen Kirchen am Tinnsjø

Gransherad

Hovin

Austbygde

Atrå

Mæl

Dal

Gransherad Kirche

Gransherad kann auf eine Kirchengeschichte bis zurück ins Mittelalter blicken. Die Kirche gehörte, nach der Reformation, zuerst zur Kirchengemeinde Tinn, bevor sie nach der Königlichen Resolution im Jahr 1859 zusammen mit Hovin zur eigenen Kirchengemeinde Gransherad wurde. Seit 1986 gehört Gransherad nun zur Kirchengemeinde Heddal und Hovin wieder zu Tinn.

Die erste Kirche von Gransherad stand laut Legenden auf "Grandlås" etwas weiter südlich. Diese Kirche soll nach der großen Pest Mitte des 14. Jahrhunderts verfallen sein. Anschließend wurde auf dem heutigen Gelände eine Stabkirche gebaut. Sie ist datiert auf 1369 und wurde Olav dem Heiligen geweiht. Die Stabkirche erfuhr im Laufe der Jahrhunderte starke Umbauten, so dass die Prägung einer Stabkirche nicht mehr erkennbar war. Die Galerie wurde später, wie bei vielen anderen Stabkirchen auch, entfernt. Einiges von dem alten Inventar blieb jedoch erhalten. So wurde zum Beispiel der alte Predigtstuhl auf dem Kirchturm gefunden, von Finn Kraft restauriert und in der Sakristei platziert. Außerdem blieben die Glocke und eine Bibel von Kristian III von 1550 erhalten. Die Portalpfeiler, ein altes Kreuz und ein Olavskopf wurden der "Oldsakssamling" übergeben.

Der letzte Gottesdienst in er umgebauten Stabkirche wurde am 11. August 1849 gehalten und am 20. und 21. August wurde sie abgerissen. Die heutige Kirche wurde von Baumeister Halvor Andreas Olsen ab 1845, nach Zeichnungen von Linstow, gebaut und am 11. September 1849 geweiht. Olsen baute, zum Teil zeitgleich, die Kirche in Hovin nach den selben Zeichnungen, die dann ein Jahr später geweiht wurde. Die Kirche in Gransherad soll etwas größer sein als die Kirche in Hovin, obwohl die Schätzungen der Sitzplätze variieren. Heute wird sie mit 250 Sitzplätzen angegeben.

Es handelt sich um eine in Blockbauweise errichtete Langkirche mit Westturm, dessen Chor die gleiche Breite aufweist wie das Kirchenschiff. Die Sakristei kam 1939 dazu und 1985 ein Freistehendes Gebäude im Süden der Kirche in dem sich der Aufbahrungsraum, der Raum für die Friedhofsmitarbeiter und die Gästetoiletten befinden.

Die Kirche wurde außen mit Paneelen verkleidet, nicht aber im Innern, wo das bemalte Balkenwerk sichtbar ist. Der Kirchenchor erhebt sich drei Stufen über das Kirchenschiff. Die Galerie im Westen, die sich, auf der nördlichen und süd-lichen Seite, jeweils ein Stück Richtung Osten erstreckt, befindet sich ganz westlich die Orgel. Zu Beginn gab es am Altar nur ein Kreuz. Im Jahr

1930 bekam der Altarraum ein Altarbild (gemalt von Thyge Mathisen), das eine Frauen am Grab zeigt. Das frühere Altarkreuz steht heute in einer Ecke des Chores. Der Predigtstuhl ist im gleichen Alter wie die Kirche.

Die Orgel wurde von den Brüdern Torkildsen gebaut und 1990 eingeweiht. Sie hat 10 Stimmen verteilt auf 2 Klaviaturen und Pedale. (opus 138) und löste die Orgel aus dem Jahr 1914 ab, die Ende der 80iger Jahre kaputt ging.

Die Kirchenglocken stammen noch aus der alten Stabkirche. Von der einen nimmt man an, sie sei im 14. Jahrhundert gegossen worden, die Andere stammt aus den Niederlanden und ist aus dem Jahr 1738. Ihre Innschrift lautet "Gottes Wort und Luthers Lehr, will vergangen nimmer mehr"

Die Kirche ist umgeben vom Friedhof und liegt südlich des Tinnåa mit einer schönen Aussicht auf den Fluss. Auf dem Friedhof steht ein Kriegsgedenkstein. Seine Innschrift lautet "Erinnerung an die Gransheradianer, die Volk und Land beschützten 1807 - 1814". Nach einem Angriff der Engländer auf Kopenhagen stellten sich die Norweger/Dänen auf die Seite Napoleons. Schweden dagen kämpfte auf Seiten Englands. Nachdem Napoleon den Krieg verlor wurde Dänemark gezwungen Norwegen an Schweden abzugeben.

Quelle - norske-kirkebygg.origo.no

Altarraum und
Galerie mit Orgel

Galerie der Priester von
Gransherad in der Sakristei

95

Hovin Kirche

In alten Geschichten ist von einem Kirchenplatz auf den Höhen zwischen Bakka und Hove in Hovin die Rede. Wann die erste Kirche unten in Jørisdal gebaut wurde ist unbekannt. In jedem Fall gab es eine Kirche dort bevor die heutige Kirche gebaut wurde, denn im Jahr 1730 schrieb Joachim Schweder, dass die Kirche in gutem Zustand sei und erst in letzter Zeit renoviert wurde. In einem Treffen am 16. Dezember 1844 wurde allerdings beschlossen eine neue Kirche zu bauen und dafür die Alte abzureißen. Die Einwohnerzahlen waren gestiegen und der Wunsch nach einer größeren und zweckmäßigeren Kirche wurde größer.

Die neue Kirche sollte nach den von Schlossarchitekt Hans Ditlev Frants Linstows Musterzeichnungen zum Kirchenbau, realisiert werden. Im Jahr 1843, also ein Jahr zuvor, wurde auch in Gransherad eine neue Kirche gebaut. Es wurde vereinbart dass man die gleiche Musterzeichnung verwenden und eben den gleichen Baumeister wie in Gransherad Halvor Andreas Olsen aus Kongsberg mit dem Bau der Kirche beauftragen wollte. Am 29. Oktober 1846 nahm man das Angebot des Baumeisters an. Aus diesem Grund sind die beiden Kirchen in Hovin und Gransherad heute nahezu identisch. Die alten Kirchen von Hovin und Gransherad blieben erhalten, bis die neuen Kirchen fertig gestellt waren.

In einem Brief vom 31. Mai 1850 legte der Bischoff von Kristiansand, Jacob von der Lippe, das Weihedatum für den 29. August des gleichen Jahres fest. Er bat den Bischoff von Kristiania um Erlaubnis, dass die Pfarrer von Heddal und Sauherad die Weihe vornehmen dürfe. Tinn hatte damals keinen eigenen Pfarrer, der so eine Weihe hätte vornehmen dürfen. Am 3. Juni des selben Jahres teilte das Militärkommando mit, dass bei der Weihezeremonie die Anwesenheit des Militärs notwendig sei, um für Ordnung und Ruhe zu sorgen. Sie kamen mit 2 Unteroffizieren und 25 Mann. Weiter kamen die Pfarrer von Seljord, Tinn, Sauherad, Lårdal, Hjartdal und Heddal.

Bei der Kirche von Hovin handelt es sich um eine in Blockbauweise erstellte Langkirche mit Platz für 250 Mann.

Die Kirche wurde im Jahr 1912 in anderen Farben gemalt und bekam 1921 die Altartafel, gemalt von Harald Brun. Im Jahr 1979-80 wurde die Kirche restauriert und ist seither wieder in den Farben zur Zeit ihrer Erbauung gemalt. Die alte Altartafel wurde restauriert und die Neue wurde an der Südwand aufgehängt.

Das meiste Inventar wurde im Laufe der Jahre der Kirche als Geschenk übergeben, wie Taufbecken, Brautstühle, Orgel und die Kronleuchter.

Ein Stein zum Gedenken an den Soldaten Olaf Ellefsen, der für sein Vaterland im zweiten Weltkrieg gefallen war, wurde auf dem Friedhof errichtet und am 11. August 1946 enthüllt.

Auf dem Kirchengrundstück befinden sich drei Gebäude, die zusammen einen schönen Hof ergeben. Es handelt sich um die Kirchenstube, einen alten Stall und das Aufbahrungshaus.

In früherer Zeit gehörte Hovin zur Pfarrgemeinde Tinn, ab 1859 wurde sie mit Gransherad zu einer eigenen Kirchengemeinde zusammengelegt. Damals war Gransherad der Hauptort der Kirchengemeinde. Die Kirchengemeinde Hovin-Gransherad wurde im Jahr 1986 aufgelöst und Hovin gehört seit dem wieder zur Kirchengemeinde Tinn.

Quelle: Original Text - Knut Arne Snøås

die alte, neu
restauriert
Altartafel, im
oberen Feld das
Lamm Gottes
auf einem Berg

die neuere Altartafel hängt
heute an der Südwand

Messgewand
aus dem 18. Jh.

Brautstuhl

Taufbecken

Wie bereits in der Einleitung erwähnt, ist Hovin eine der Kirchen, die eine Kirchenglocke aus dem Mittelalter besitzt.

Im Glockenturm hängen zwei Glocken und die Schwerste wiegt 150 kg. Diese Glocke besitzt keine Innschrift, ist aber wahrscheinlich sehr alt. Die kleinere der beiden Glocken wiegt etwa 75 kg. Auf ihr steht: "gegossen von Erich Schmidt in Christiania (Oslo) 1805". Diese Glocke ist zwar nicht so groß hat dafür aber einen sehr feinen Klang. (So steht es in dem Heft zum 150 jährigen Jubiläum der Hovin Kirche geschrieben)

Die Mittelalterglocke ist etwa 55 cm hoch und hat einen Durchmesser von 46,5 cm. Die Glocke hat ein ungewöhnliches Aussehen. Die Form des Klöppels (mit einer starken Einkerbung im Übergang zum Körper) zeigt Einflüsse gotischer Glockenformen, die im Laufe des 13 Jahrhunderts langsam auftraten. Die zylindrische Form zeigen ebenfalls eine Verwandtschaft zu andere Glocken dieser Zeit. Daher kann man eine Datierung der Glocke aus dem 13 Jahrhundert annehmen.

(Terje de Groot)

Text: Kirchenzeitung Pfarrerin Kristin Fæhn

Austbygde Kirche

Austbygde wurde erst am 1. Januar 1888 eigene Kirchengemeinde, bis dahin gehörte sie zur Kirchengemeinde Atrå. Gleichzeitig bekam Austbygde auch eine eigene Kirche. Sie wurde entworfen von Jacob Wilhelm Nordan und gebaut unter dem Baumeister Gulbrand Johnsen aus Nes in Romerike, der neben Kirchen in seinem Heimatbezirk auch einige Kirchen in Buskerud und der Telemark baute. Sie ist damit die einzige unserer Kirchen, die nicht nach Zeichnungen von Schlossarchitekt Linstow erbaut wurde. Die Kirche wurde am 23. November 1888 eingeweiht. Es handelt sich hierbei um eine Holz-Langkirche mit 300 Sitzplätzen. Die Kirche hat einen Westturm, der umgeben ist von einem Anbau aus den 1980 iger Jahren, mit Taufsakristei und Toilettenraum.

Der rechts anschließende Chor im Osten ist von Sakristei umgeben (wovon die Eine, die früher Taufsakristei war, nun als Lagerraum genutzt wird) Die Kirche wurde 1933-34 nach Plänen von Domenico Erdmann renoviert. Sie wurde damals gemalt von Øystein Orekås. Anlässlich des 100 jährigen Jubileums wurde die Kirche 1985-88 erneut umfassend renoviert.

Der Chor ist eine Stufe erhöht vom Kirchenschiff und die Kirche hat eine Orgelgalerie im Westen.

Die Altartafel wurde 1909 von Lars Osa nach dem Bild von Adolph Tidemands "Jesus Taufe" in der „Trefoldighetskirken" in Oslo gemalt. Vor dieser Zeit war ein Holzkreuz auf grünen Hintergrund mit Rahmen gemal von Nordan an dieser Stelle.

Der Predigtstuhl wurde vom Baumeister geschreinert. Er steht auf der linken Seite des Chores. Dort befindet sich ebenfalls ein einfaches Lesepult. Das Taufbecken ist ähnlich dem Predigtstuhl im gleichen Alter wie die Kirche.

Die erste Orgel der Kirche war ursprünglich ein Harmonium aus dem Jahre 1915. 1938 wurde sie gegen eine dreistimmige Walcker Orgel getauscht. Nach dem Krieg bekam die Kirche eine elektrische Heizung. Diese sorgte für trockene Luft in der Kirche, woraufhin die Orgel begann zu versagen. Die heutige Orgel ist aus dem Jahr 1973 und wurde von Paul Ott gebaut. Sie hat 15 Stimmen (2 Klaviaturen und 2 Pedale. Das Harmonium steht heute im örtlichen Gebetshaus, während die Walcker Orgel in der Baptistischen Kirche von Rjukan verwendet wird.

Zu Beginn war der Friedhof nur nördlich der Kirche angelegt und wurde später erweitert. Südöstlich der Kirche befindet sich ein Aufbahrungshaus, das 1982 nach einem langwierigen Prozess und etlicher Änderungen gebaut wurde.

Auf dem Friedhof steht ausserdem ein Gedenkstein aus dem Jahr 1938, in Erinnerung an denjenigen der dafür sorgte, dass die Kirche erbaut werden konnte und mit einer Tafel für den, der damals das Kirchengrundstück zur Verfügung stellte.

Ein Kirchenraum von 1920 und ein Kirchenstall von 1915 wurden im Jahre 1978 abgerissen.

Im Jahr 2004 wurde die Austbygde Kirche mit einer Erbschaft bedacht. Das Ehepaar Kjersti og Andres Flatin schrieben in ihrem Testament:

"Das Geld solle vom Kirchenrad, in Absprache mit dem „Riksantikvaren", disponiert und für die Ausschmückung der Kirche, nicht aber für normale Instandsetzungen verwendet werden.

Dieses Geld wurde unter anderem für den Kauf eines Flügels mit Hocker, eine Lautsprecheranlage, den "Kerzenglobus", neues Blattgold für den Altar, Predigtstuhl und Taufbecken sowie für die neuen Glasmalereien des Künstlers Tor Lindrupsen verwendet.

Er bekam die Aufgabe gestellt "etwas mit den Fenstern zu machen und dabei das natürliche Aussehen und den einfachen Stil der Kirche zu erhalten"

Nach Fertigstellung seiner Arbeit schrieb er selbst dazu: „Ich habe versucht das Glas in den Raum hinein zu führen, in dem ich die Formate und Farben, die bereits in der Kirche vorhanden waren, aufgenommen habe, aber nicht das es aussieht als sei es bereits hundert Jahre alt. Der Ausdruck der Fenster passt somit zu der alten Kirche und gleichzeitig ist klar, dass es heute erst erschaffen wurde."

Die Motive stammen aus der Bibelgeschichte. Manche sind sehr leicht erkennbar, während andere nur angedeutet sind. Lehren und Symbole sind in ihrer Form unveränderlich, während die Geschichte in sich offener ist. Sie sollte ständig neu gelesen und interpretiert werden. Daher mache er keine genaueren Angaben zur dargestellten Geschichte, um Raum zu lassen die Geschichte weiter zu schreiben. Einige der Motive sind nur von oben, von der Galerie aus gut zu erkennen, dort befindet sich auch ein Feld ohne Motiv. Dieses Feld ist reines Glas mit den Luftblasen darin, die bei der Verschmelzung der verschiedenen Farben entstanden sind. Mit diesem Feld lässt der Künstler Platz für all die Geschichten, die noch niemand kennt und die noch nicht geschrieben wurden.

Wie wurden diese Kunstwerke geschaffen? Das Glas wurde geschnitten, die Motive mit Glaspulver aufgezeichnet und dann wurde beides bei 760 Grad verschmolzen, anschließend wurden die Glasfelder gerahmt.

Der Glockengießer Olsen Nauen lieferte die Glocke für die neuerbaute Kirche 1888. Es wurden zwei gleiche (300 kg schwere) Glocken bestellt. Unterweg ging eine der Glocken verloren, sie fiel in den See. Es blieb keine Zeit eine neue Glocke zu gießen, woraufhin eine etwa 200 kg schwere Glocke, die auf Lager war, geliefert wurde. Die beiden Glocken sollen so geläutet werden, dass die Kleine 2 Schläge erhält während die Große einen Schlag bekommt. Das alleine ist eine Kunst in sich.

Die kleine Glocke erhielt den Namen "Moses", weil sie in gewissem Sinne aus dem Wasser gezogen wurde - sehen sie dazu auch die Erzählungen über Moses aus dem 2. Buch Moses, 2 Kapitel.

Auf der großen Glocke steht geschrieben:

Kommt her zu mir, alle, die ihr mühselig und beladen seid; ich will euch erquicken Matt 11,28

Auf der Kleineren:

Rufe ich zum Gottesdienst
Rufe ich zu Ruh und Tod
soll ich Gottes Sprachrohr sein
dass er sammeln will sein Volk.

Text: Jon Haukaas: Austbygde kyrkje 1888 – 1988
Kirchenzeitung: Pfarrerin Kristin Fæhn

107

Atrå Kirche

Der Standort der Kirche in Atrå, nördlich des Tinnsjø gelegen, geht zurück bis ins Mittelalter. Die heutige Kirche löste eine Stabkirche aus dem 11. Jahrhundert ab. Ein Foto des Portals und Balken mit Runeninschriften dieser Stabkirche befinden sich heute in der "Universitets Oldsakssamling" des Kulturhistorischen Museums.

Im ausgehenden 18. Jahrhundert wurde die Stabkirche zu klein und war zudem in schlechtem Zustand. Aus diesem Grund wurde 1825 die Erlaubnis erbeten die Kirche durch eine norwegische Chorkirche zu ersetzen. Da diese Erlaubnis nicht erteilt wurde wartete man die Musterzeichnungen von Linstow ab, die etwas verspätet 1827 ausgeliefert wurden. Diese Zeichnungen zeigten eine in Blockbauweise gebaute Langkirche im Empirestil, das Baukomitee und der Pfarrer waren damit jedoch nicht zufrieden. Diese glaubten, dass die Kirche zu klein würde und die Fenster die Konstruktion schwächen. Zusätzlich fehlte in Tinn die Erfahrung die Balkenverbindung herzustellen. Die heutige Holzständerbauweise war damals noch unbekannt, so dass man den Turm in Blockbauweise erstellen wollte. Der Prozess verzögerte sich, Linstrow korrigierte seine Zeichnungen, die zusammen mit anderen

Kirchenzeichnungen schliesslich als Buch erschienen. In Atrå konnte man Christen Aslachsen Rustan (eller Rugstad) und Christen Andersen Stensaas aus Skien als Baumeister anwerben. Die Kirche wurde 1833-34 erbaut und am 4. September 1836 eingeweiht.

Wir sprechen also von einer Langkirche im Blockbaustil errichtet. Sie hat einen Westturm, ein rechteckiges Kirchenschiff und einen Kirchenchor auf der Ostseite. Die Anzahl der Sitzplätze wird mit 300 angegeben. Im Laufe der Zeit gab es einige Änderungen. Im Jahr 1895 wurde der Gang hinter dem Altar entfernt.

1908 wurde unter der Leitung von Halvor Børve die Inneneinrichtung und Ausstattung stark verändert. Die Seitengalerie wurde entfernt, die Decke wurde mit Jutegewebe verkleidet und in Felder unterteilt, die Galeriebrüstung bekam Leisten, die sie ebenfalls in Felder unterteilten. Zudem bekam die Kirche neue Bänke und ein Altarbild, wo zuvor ein Altarkreuz verwendet wurde. Die Altartafel von 1908 zeigt eine Szene aus der Mahlzeit der Emmausjünger (Lukas 24) gemalt von Lars Osa nach dem Vorbild der Altartafel von Eilif Peterssens in der Domkirche zu Kristiansand. Die Kanzel war ursprünglich im Empirestil gehalten, aber auch sie wurde in den 1950 iger Jahren mit "rosemaling" bemalt. Das Taufbecken ist aus dem Baujahr der Kirche.

In der Kirche befindet sich eine Jørgensenorgel.

1922-24 bekam die Kirche einen Sakristeianbau in Verlängerung des Chores und die ehemalige Sakristei auf der Südseite des Chores wurde zum Orgelhaus. Eine weitere Renovierungsrunde kam 1951-52 als die Kanzel von Øystein Orekås mit "rosemaling" bemalt wurde (angeblich mit Zustimmung des Amtes für Denkmalpfege)zu . Die Kirche ist in Form und Gestalt geprägt vom Empire Stil und gleichzeitig von der in Telemark typischen Rosenmalerei. Eine Kombination die von den Meisten heute als sehr kleidsam empfunden wird.

Die Kirche ist umgeben von ihrem Friedhof und südwestlich der Kirche steht ein Gebäude, das früher zur Aufbewahrung der Särge bis zur Bestattung diente.

Kirchenhistorisch sollte erwähnt sein, dass Atrå seinerzeit die Hauptgemeinde der Kirchengemeinde Tinn war und der Pfarrer hier lebte. Das Pfarrhaus liegt etwas oberhalb der Kirche auf der anderen Strassenseite. Das heutige Wohnhaus ist allerdings aus den 1970 iger Jahren.

Im Jahr 1948 wurde Rjukan gemeinsam mit Dal von der Kirchengemeinde Tinn gelöst und ist seither eigenständige Kirchengemeinde mit eigenem Pfarrer.

Quelle - norske-kirkebygg.origo.no

Die Kirche hat heute noch zwei der Glocken aus der alten Stabkirche. Die Jüngste der Beiden ist datiert aus dem Jahr 1802. Sie hat ein Neoklassizistisches Dekor, näher bestimmt als Louis-XVI, zu erkennen an der, die Glocke umschlingenden Girlande und Bordüre am oberen Rand. Der Glockengießer war wahrscheinlich Erik Schmidt, der auch Glocken in Christiania (Oslo) gegossen hat. Über die ältere der der beiden Glocken sagt Terje de Groot (dessen Spezialgebiet mittelalterliche Glocken sind):

"Sie ist ungefähr 55 cm hoch und hat einen Durchmesser von etwa 47 cm. Der Glockengießer ist unbekannt. Ein lateinisches Kreuz befindet sich auf dem Korpus, welches den oberen Rundstab des Schlagringes berührt. Die Glocke ist romanischen Stils. Die Unterseite des Schlagringes, der nach unten abfallend ist, zeigt uns, dass die Glocke unter den ältesten in dieser Kategorie ist. Gleichzeitig weist die Ausformung der Krone darauf hin, dass sie nicht die Älteste unter ihnen ist. Eine Datierung auf etwas 1200 ist daher wahrscheinlich. Auf Grund fehlender Inschriften und Ausschmückungen ist eine genauere Datierung schwierig.

Ursprünglich gab es noch eine zweite Glocke dieser Art, die aber verschwunden ist.1925 bekam die Kirche eine neue große Glocke als Geschenk der A/S Rjukanfoss. Sie hat folgende Innschrift:

"Mit lautem und heiligem Klang rufe ich zum Kirchengang" Quelle: Terje de Groot

Heftet «Atrå kyrkje. 150 års jubileum»
aus einer Kirchenzeitung: Pfarrerin Kristin Fæhn

links die Glocke von 1802, in der Mitte die Glocke aus
dem Mittelalter und rechts die neuere Glocke von 1925

Portal der alten Stabkirche

Mæl Kirche

Ganz im Osten des „Vestfjorddalen", auf einer Sandbank am Tinnsjø, liegt die Kirche von Mæl, hoch und frei mit Aussicht auf Berge und See.

Vom Kirchturm aus rufen seit fast 175 Jahren die Kirchenglocken zum Gottesdienst. Sie riefen in all den Jahren Menschen in Not und Freude, in guten und schweren Tagen.

Die Historiker sind der Meinung, dass Mæl während der Völkerwanderungen, zwischen 400 und 600 nach Christus, entstand. Sie schreiben weiter, dass der Ort an dem die Kirche heute steht, bereits damals Versammlungsplatz der Pfarrgemeinde war.

Daher war es ganz natürlich, dass die Kirchengemeinde Mæl dort ihre erste Kirche baute. Es gibt nur wenige schriftliche Dokumentationen um diese erste Kirche, man nimmt aber an, dass diese erste Stabkirche bereits im 11 Jahrhundert erbaut wurde. Diese erste Stabkirche wurde im Jahr 1836 abgerissen, nur wenige Jahre bevor ein Gesetz erlassen wurde, dass den meisten eben solcher Stabkirchen den Todesstoß gab. Dieses Gesetz gab vor, dass alle Kirchen im Land Sitzplätze für mindestens 30% der Kirchengemeindemitglieder haben müssen, woraufhin in den meisten Fällen entschieden wurde, die alten, kleineren Stabkirchen abzureißen und durch neue Kirchen zu ersetzten.

In einem Besichtigungsprotokoll aus dem Jahre 1828 steht demzufolge, dass die Kirche in derart schlechtem Zustand ist, dass sie sich im Sturm merklich bewegt und daher eine große Gefahr von ihr ausgehe. Es sei daher anzuraten alle Gottesdienste auszusetzen und die Kirche schnellstmöglich abzureißen.

Die Kirche wie wir sie heute zu sehen ist, ist wie die anderen Kirchen, nach einer der Zeichnungen des Schlossarchitekten Linstow erbaut worden. Es wird erzählt, dass viele Handwerker aus Tinn sich diese Zeichnungen ansahen, sie aber nicht verstanden. Nur einer wagte es diese Aufgabe zu übernehmen, der 31 jährige Gunlek Leidulvsson Vemor, der gleiche Gunleik, der 1842 auch die Kirche in Dal baute. Dieser Gunleik war ein sehr fleißiger Handwerker.

Die Kirche wurde am 25. August 1839 eingeweiht.

In den Jahren 1973-74 wurde die Kirche nach einem alternativen Vorschlag von Antiquar Tschudin-Madsen restauriert. Es wurde viel Arbeit investiert und die Kirche erhielt ihre ursprüngliche Farbgebung zurück. Außerdem wurde der alte Altarrahmen aus der Stabkirche restauriert.

Die Kirche in Mæl verfügt über 2 Glocken, die aller Wahrscheinlichkeit nach aus der alten Stabkirche stammen. Die Neuere der beiden

Glocken hat die Innschrift "gegossen von Knut Andreas Sundt im jähr 1850". Im Besuchsprotokoll von 1846 steht geschrieben, dass diese Glocke umgegossen wurde, es spricht also viel dafür, dass die alte Glocke in dieser klingt. Die ältere der beiden Glocke hat die Inschrift "Amsterdam Anno 1734". Es war lange unklar wer diese Glocke gegossen hatte, bis durch die Ähnlichkeit mit einer Glocke in der Heddal Stabkirche die Frage beantwortet wurde. Die Glocken sind in Form und Gestaltung der Ornamente gleich. Die Glocke in Heddal ist nur etwas größer als die in Mæl und daher war auf ihr ausreichend Platz für die gesamte Inschrift. aus ihr geht hervor, dass die Glocken von Fecit Nikolaas Muller Amsterdam 1734 gegossen wurden.

Die Luken des Kirchturms sind einzigartig in Tinn mit bemalten Schnitzereien. Auf der Innenseite der vier Luken steht geschrieben, wer sie gemalt hat.

Quelle - norske-kirkebygg.origo.no

117

Dal Kirche

Die Dal Kirche hat eine lange Pilgergeschichte, weshalb wir uns entschlossen haben sie mit in den Pilgerweg um den Tinnsjø zu integrieren obwohl sie etwas weiter abseits davon liegt.

Die Kirche in Dal wurde 1775 gebaut. Ursprünglich stand hier eine klassische Einschiff Stabkirche aus der Zeit 1190 - 1215. Diese Kirche wurde 1775 eingerissen und in Blockbohlenbauweise wieder aufgebaut. Der Chor der Stabkirche blieb zwischenzeitig stehen, so dass Bischoff Hansen keinen Grund sah die Kirche erneut zu weihen. Die ersten Änderungen kamen in den Jahren 1842-44 als sie ihren heutigen Empirestil bekam, was wiederum nach Linstows Zeichnungen geschah. Entsprechend der anderen Kirchen rund um den See.

Vom 12. - 18. Jahrhundert war die Dal Kirche eine "Lovekirke" und die „Dalmadonna" festes Pilgerziel der Gläubigen. Die Kirche lebte von den Geschenken der Gläubigen, die hier Trost und Heilung in ihrer Not suchten und der Kirche im Gegenzug etwas schenkten.

Corneliussen Normann schrieb 1763 eben, dass Dal in alten Zeiten ein "Lovekirke" war. Selbst wenn der Pfarrer in Kopenhagen saß, war er doch einige Jahre zuvor Pfarrer in Tinn. Außerdem findet man einige Referenzen darüber aus dem

17. Jahrhundert. Meist handelte es sich um Heilung von Füßen und Beinen und es wird geschrieben von vielen Krücken, Stöcken und Wanderstäben auf dem Boden über dem alten Kirchenschiff.

Als zentraler Mittelpunkt eines dreiteiligen Bildes stand Maria mit Kind - als geschnitzte Figur - bis 1842 in der Kirche, danach wurde sie nach Oslo gebracht. Wenn sich das Königreich heute mit seinen Mittelaltermadonnen brüstet sind es vor allem die wunderschönen Madonnen „Hedalmadonna aus Valdres" und eben diese „Dalmadonna"!

Quelle: Torbjørn Myhre

Laut „Tinn-soga" stammen beide Glocken aus dem Mittelalter. Sie wurden in Spätromanischer Form gegossen. Auf einer der Glocken befinden sich zwei gleiche Gießmarken, ein lateinisches Kreuz. Dies sollte die persönliche Signatur des Glockengiessers sein. Einer Theorie zufolge soll die Glocke, in einer provisorischen Form, vor Ort gegossen worden sein, aber genaues weiß man nicht. Diese Glocke soll entsprechend aus der Mitte des 12. Jahrhunderts stammen, während die Andere aus dem späten 12. Jahrhundert stammt.

Quelle - Terje de Groot

119

120

Gedanken auf dem Weg

Während einer Pilgerwanderung haben wir Zeit und Ruhe uns mit uns selbst und unseren Gedanken auseinander zu setzen. Wir können Abstand nehmen vom Stress des Alltages. Nichts wird von uns erwartet ausser zu gehen, ein Quartier zu finden und eine Mahlzeit.

Eine Pilgerwanderung kann uns nachhaltig beeinflussen. Sie kann uns lehren uns selbst besser zu verstehen. Sie kann uns helfen aktuelle oder vergangene Situationen neu zu bewerten.

Das bedeutet jedoch nicht, dass jeder Tag ein friedlicher Tag wird. Manchmal werden unsere Gedanken so laut, so intensiv sein, dass wir unsere Umgebung kaum mehr wahrnehmen können. An manchen Tagen unser Rucksack so schwer wiegen, dass wir ihn am liebsten zurücklassen würden und selbst wenn wir es gewohnt sind zu gehen, wird es Tage geben an denen uns jeder Schritt schwer fällt.

An solchen Tagen werden wir dafür vielleicht auf Menschen treffen, die uns mit einem guten Gespräch helfen, vielleicht am Abend ein besonders gemütliches Quartier finden oder wir bekommen ein extra leckeres Essen serviert und am Ende bleibt uns vielleicht gerade ein solcher Tag in besonders guter Erinnerung.

All das macht einen Pilgerweg aus, der Mix aus guten und schweren Tagen, aus Sonne und Regen, Lachen und Weinen, dem ständigen auf und ab des Weges. Der Pilgerweg ist wie der Spiegel des Lebens selbst.

Vielleicht darf ich euch ein paar Gedanken und Fragen mit auf euren Weg geben, die mir immer wieder kommen, wenn ich auf einem Pilgerweg unterwegs bin?

Vielleicht können sie Anregung sein, eure Gedanken in neue Bahnen zu lenken, wenn sie feststecken im immer währenden, alt bekannten Kreislauf.

Eingang zum Kloster der Einsiedlermönche mitten im Wald oberhalb des Tinnsjø

die eigene Wahrnehmung

Wir alle sind verschieden, jeder denkt und fühlt anders und so wird auch jeder ein und den selben Weg vollkommen anders wahrnehmen und empfinden. Dabei ist unsere Wahrnehmung abhängig von dem, wie wir uns gerade fühlen, aber ebenso von der Art wie wir denken.

Beobachte dich einmal selbst, während du gehst.
Wie nimmst du den Weg war?
Was fühlst du?
Welche Vorlieben oder Abneigungen hast du?

Wenn unser Fühlen und Denken so unterschiedlich sein kann, können wir dann vielleicht sogar beeinflussen wie wir einen Weg wahrnehmen?

Perspektivwechsel

Was geschieht wenn wir unseren Blickwinkel verändern?

Wie wirkt ein Weg auf uns der vor uns liegt und wie das gleiche Stück Weg, wenn wir es rückblickend betrachten?

Was geschieht, wenn wir die Geschwindigkeit verändern, nehmen wir den Weg anders wahr?

Wie sieht die Welt um uns herum aus, wenn wir in die Hocke gehen und sie aus dem Blickwinkel eines Kindes betrachten?

was wir wirklich brauchen

Lange haben wir überlegt, was wir in unseren Pilgerrucksack packen sollen. Was ist es, was wir wirklich brauchen und was nehmen wir mit, nur weil es uns Freude macht? Gerade auf einer Pilgerwanderung wollen wir so wenig wie möglich mitnehmen, damit der Rucksack nicht unnötig schwer wird. Doch erst am Ende unserer Reise werden wir wissen, ob wir alles auch wirklich gebraucht haben.

Wenn wir uns in der Natur umsehen, sind wir oft überrascht mit wie wenig Pflanzen auskommen können. Gerade hier in Norwegen sehen wir oft Bäume, die scheinbar auf blanken Felsen wachsen.

vom Unbekannten

Die Meisten von euch, werden noch nie zuvor in Tinn gewesen sein. Ihr habt kaum eine Vorstellung von dem was euch erwartet. Ihr kennt weder die Natur, noch die Menschen und wahrscheinlich sprecht ihr nicht ihre Sprache.

Ihr begebt euch auf einen unbekannten Weg und seid darauf angewiesen, dass die Schilder euch die richtige Richtung weisen und die Beschreibung im Buch genau genug ist.

So ist diese Pilgerwanderung eine Reise in eine unbekannte Welt. Es ist ein Weg sich selbst und seine Grenzen neu kennen zu lernen, ein Einlassen auf das Unbekannte und darauf dem Weg und sich selbst zu vertrauen.

ein Weg mit oder zu Gott

Silje Sjøtveit schreibt: eine Pilgerwanderung ist oft eine innere und eine äußere Wanderung. Das reale Gehen steht für die äußeren Wanderung und die innere Wanderung kann der Weg zu sich oder auch hin zu Gott sein.

Das ganze Leben ist eine Art von Pilgerwanderung und ist man dann real unterwegs, kann die äußere Wanderung zu einem Bild für die innere Wanderung werden und beide Formen des Wanders können verschmelzen.

Auch in dieser Beziehung wird jeder von euch diesen Weg anders erleben. Zu pilgern bedeutet eben auch offen zu sein, für das was auf dem Weg geschieht. Diese Offenheit ist euch allen zu wünschen.

Pilgergebete

Ich möchte euch gerne eine kleine Auswahl Gebete mit auf euren Weg geben. Ich habe sie auf der Seite pilgerpfarrer.de gefunden und Hannes Lorenz hat mir freundlicher Weise erlaubt, sie in unserem Pilgerführer zu veröffentlichen.

Sie mögen euch Anregung sein, wenn es euch schwer fällt eigene Gebete zu formulieren, ihr aber dennoch das Bedürfnis habt zu beten. Persönlicher und treffender sind diese sicherlich und vielleicht versucht ihr es auch einfach einmal selbst. Es sind ja nicht die Formulierungen die zählen, sondern die ehrliche Absicht die dahinter steht.

Ansonsten möchte ich allen, die mehr über das Pilgern wissen möchten oder weitere Gebete/ Texte suchen, empfehlen sich die Seite des Pilgerpfarrers einmal genauer anzusehen.

Vielen Dank Hannes Lorenz für die freundliche Erlaubnis.

Gott geht mit.

Gott, du gehst mit.
Gehen aber, mein Gott, müssen wir selbst.

Wenn wir unseren Weg suchen,
aus der unendlichen Zahl der Wege,
uns umhertasten im Labyrinth des Lebens,
gibst du uns Orientierung.
Du bist uns Wegweiser und Plan,
Richtschnur und Ziel.

Gott, du gehst mit.
Gehen aber, mein Gott, müssen wir selbst.

Wenn die Kräfte schwinden,
wenn Müdigkeit uns befällt,
wenn Hunger und Durst uns quälen,
gibst du uns Kraft und neuen Schwung,
Stärkung und Erfrischung.

Gott, du gehst mit.
Gehen aber, mein Gott, müssen wir selbst.

Wenn Mutlosigkeit und plagt,
wenn die Zweifel kommen,
wenn sich Enttäuschung breit macht,
gibst du uns Vertrauen und Zuversicht.

Gott, du gehst mit.
Gehen aber, mein Gott, müssen wir selbst.

Wenn der Weg schmal wird,
wenn er ins Dunkel führt,
wenn er uns an Abgründe bringt,
gibst du uns Halt und Schutz.

Gott, du gehst mit.
Gehen aber, mein Gott, müssen wir selbst.

Wenn wir stolpern und fallen,
wenn wir uns verletzen und uns Schmerz erfüllt,
gibst du uns Trost und Heilung.
Dann hilfst du uns auf,
damit wir weitergehen können.

Gott, du gehst mit.
Gehen aber, mein Gott, müssen wir selbst.

Wenn wir am Ende unserer Kräfte sind,
nicht mehr weiter können und nichts mehr hilft,
dann mein Gott, gehst du nicht nur mit,
sondern du nimmst uns in die Arme,
hebst uns auf,
trägst uns ein Stück des Weges,
wenn nötig, bis zum Ziel.

Morgengebet

Herr, du schenkst mir diesen neuen Tag.
Dankbar nehme ich ihn an aus deinen Händen.
Ich freue mich auf den Weg,
der mich heute erwartet:
auf das Neue, das ich sehen darf,
auf die Menschen, die mir begegnen,
auf die Gespräche, die sich ergeben.
Hilf mir, auf meinem Weg Dich zu erkennen,
in all dem Neuem,
in den Menschen,
in den Gesprächen.
Hilf mir, Dich zu entdecken in meinem Leben
und dir näher zu kommen, Schritt für Schritt.
Gib mir Kraft für diesen Tag
und Mut für meinen Weg!
Schenke mir Zuversicht und Freude,
trotz aller Anstrengung
und begleite mich mit deinem Segen.

Amen.

Abendgebet

Herr, der Tag geht zu Ende.

Ich blicke zurück auf die Straßen und Wege,

die ich gegangen bin.

Ich denke zurück an die Menschen und die
Gespräche.

Herr, der Tag geht zu Ende und ich danke dir,

dass du mit mir unterwegs warst,

Schritt für Schritt.

Deine Nähe tat mir gut.

Nun lass mich ausruhen und Kraft finden für
morgen.

Lass diesen Abend und diese Nacht zum Segen
werden

für mich und alle Menschen,

die schwere Wege zu gehen haben in ihrem
Leben.

Amen.

Gott unser Vater

Du hast uns auf den Pilgerweg
unseres Lebens gerufen

Schritt für Schritt gehe wir, erfüllt vom Atem
deines Geistes, auf dem Weg, den Jesus uns zeigt.

Schritt für Schritt gehe wir, inmitten der
Menschen, zu denen du uns sendest.

Schritt für Schritt gehe wir,
im Vertrauen auf deine Kraft und Nähe,
wenn es schwer wird und schwer fällt.

Schritt für Schritt gehe wir,
in der Freude und Dankbarkeit,
über alles Gelungene und Erfüllende.

Und du, Gott, gehst mit uns,
Schritt für Schritt,
auf dem Pilgerweg unseres Lebens
zwischen Zeit und Ewigkeit.

Amen

Gesegnet seist du,
der du Gottes Wort hörst
und es achtest.

Ausschnitt aus der Galerie in der Atrå Kirche

Mit dem aus dem Mittelalter
stammenden Pilgergruß

„Ultreia"

was soviel bedeutet wie

„Vorwärts"

und mit

„Ultreia et Suseia"

beantwortet wird, was soviel bedeutet wie

„Vorwärts und darüber hinaus"

wünsche ich euch nun auf norwegisch

„god tur"

Danke

Es sind viele die an diesem Projekt, seit seinem Start 2015, beteiligt waren und viele denen wir zu Danken haben.

Vielen Dank Kristin Fæhn die als Pfarrerin von Anfang an Teil des Projektes war und viele der alten Pfade wieder gefunden hat.

Danke auch an Grete Vestby (Kirchengemeinderat), für ihr Organisationstalent.

Danke unserem Küster Knut Rune Hagen, der immer als Schlusslicht mit Erste Hilfe Ausrüstung die Wanderungen begleitete.

Vielen Dank auch den Angestellten und freiwilligen Helfern der Gransherad - Kirche für die gute Zusammenarbeit über Gemeindegrenzen hinaus.

Vielen Dank der Gemeinde Tinn für die finanzielle Hilfe, ohne die es diesen Pilgerführer nicht geben würde.

Ein großer Dank gebührt auch den Grundstückseigentümern, die unserem Projekt so positiv gegenüber stehen.

Zum Schluss gilt unser Dank all denen, die mit ihren Texten und Hintergrundinformationen zu diesem Pilgerführer beigetragen haben.

Ingrid Wiens und Silje Sjøtveit

Pilegrimsvandringen mellom dei kvite kyrkjer rundt Tinnsjøen

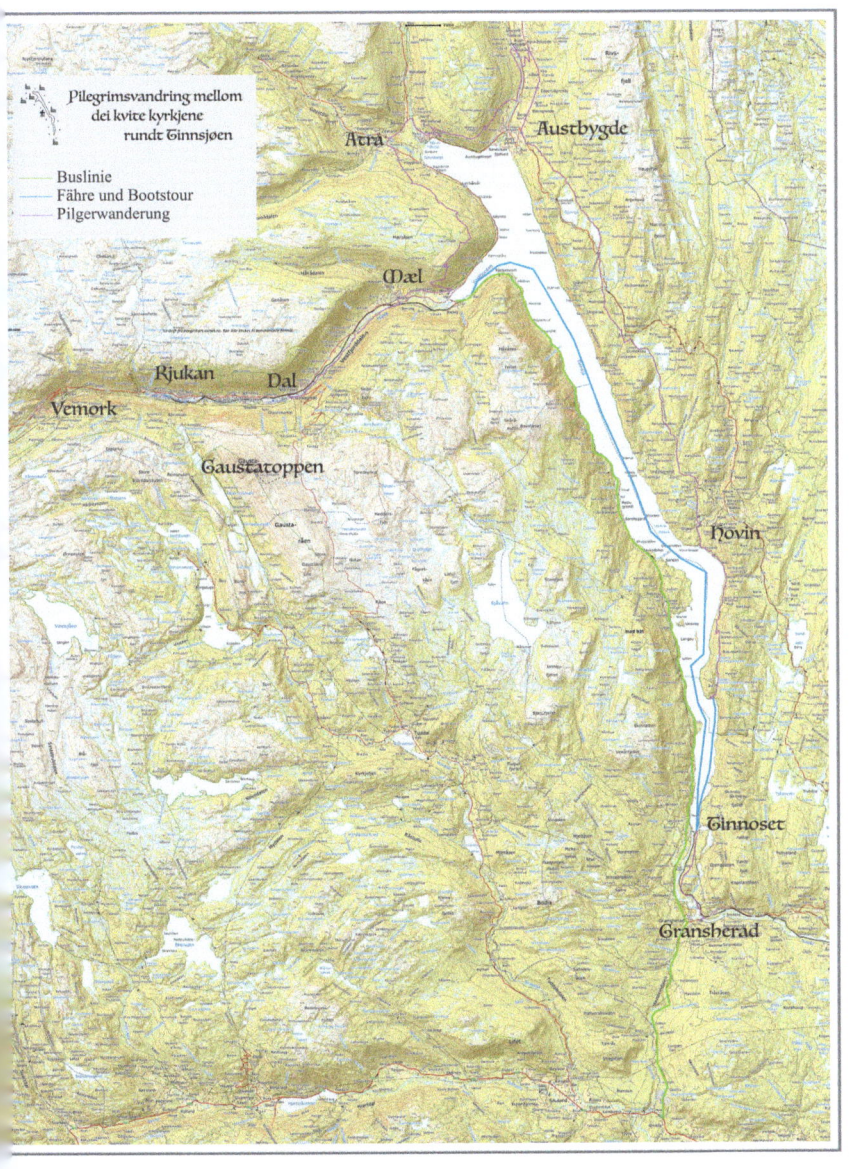